D0880172

LES PROMESSES
DU CRÉPUSCULE

LE CHAMP ÉTHIQUE

Collection dirigée par Éric Fuchs, avec la collaboration de Olivier Abel, François Dermange, Mark Hunyadi, Alex Mauron, Denis Müller, William Ossipow, Jean-Marie Thévoz.

LE CHAMP ÉTHIQUE N° 31

Hubert Doucet

LES PROMESSES DU CRÉPUSCULE

Réflexions sur
l'euthanasie
et l'aide médicale
au suicide

Fides • Labor et Fides

Dépôt légal: 1ᵉʳ trimestre 1998
Bibliothèque nationale du Québec
© Éditions Fides, 1998.
© Labor et Fides, 1998.

ISBN 2-7621-2013-6
ISBN 2-8309-0888-0

Les Éditions Fides bénéficient de l'appui du Conseil des Arts du Canada
et de la Société de développement des entreprises culturelles du Québec (SODEC).

SOMMAIRE

À Julie,
Claude et André

Ce livre est né d'un cours donné à l'hiver 1996 à la Faculté de théologie de l'Université de Genève dans le cadre de la chaire œcuménique. Que les autorités de la Faculté trouvent ici l'expression de mes remerciements.

INTRODUCTION

LA QUESTION DE L'EUTHANASIE

Le 14 mars 1996, le Conseil national suisse demandait qu'une consultation soit organisée pour débattre de l'assistance au décès. Ce vote était la réponse du Conseil national à une motion de l'un de ses membres, Victor Ruffy (Vaud), demandant de légaliser l'euthanasie[1]. La proposition ne surprend guère: elle s'inscrit dans la dynamique des discussions qui ont cours aujourd'hui dans la plupart des pays occidentaux. Si la manière d'aborder la question varie selon les sensibilités et les valeurs nationales, le débat sur l'euthanasie a pris presque partout des proportions considérables. En Suisse, en Grande-Bretagne, en Belgique, en Australie, aux Pays-Bas, aux États-Unis et au Canada, pour ne nommer que quelques pays, de fortes pressions sont exercées pour obtenir un changement de législation en vue de faciliter la mort digne. On sent même une sorte d'urgence d'agir.

Si, depuis les deux dernières décennies, certains observateurs prévoyaient que ce débat serait bientôt au cœur de l'actualité, les milieux soignants, politiques ou religieux ne semblaient pas, eux, s'en préoccuper outre mesure. D'une part, le corps médical apparaissait fermement déterminé à s'opposer à une libéralisation de la loi. D'autre part, le développement des soins palliatifs était présenté comme une réponse satisfaisante puisque, disait-on alors, «aucun patient traité aux soins palliatifs n'a fait une requête d'euthanasie». Mais depuis vingt ans, les mentalités ont bien changé: la question de l'euthanasie est maintenant au cœur des débats sociaux en Occident.

---

1. «Le Conseil national réclame un vaste débat sur l'euthanasie», dans *Le Journal de Genève*, 15 mars 1996.

Le présent ouvrage ne se veut pas un traité qui reprendrait, de façon systématique, les arguments philosophiques et théologiques contre ou en faveur de l'euthanasie. Il est né de mes contacts avec les médecins, les infirmières et autres professionnels de la santé qui accompagnent les patients, les juristes qui discutent des questions légales liées à la fin de la vie, les familles des mourants, sans oublier les malades eux-mêmes. Mes rencontres avec ces personnes m'ont obligé à revoir les diverses questions que pose l'euthanasie. C'est ainsi que j'ai cru qu'il fallait consacrer le premier chapitre à analyser le phénomène de la demande de changements juridiques dans différents états. Quatre pays ont été retenus: les Pays-Bas, les États-Unis, le Canada et la Suisse. Le deuxième chapitre rend compte du débat qui a lieu dans le monde médical et présente les arguments qui soustendent les diverses prises de position. Le troisième chapitre étudie les positions des Églises qui, dans l'ensemble, s'opposent à l'euthanasie. Une telle position est-elle toujours acceptable dans une culture sécularisée? Il est question dans le quatrième chapitre de deux thèmes fondamentaux dans les débats contemporains: la qualité de la vie et l'autonomie de l'individu. Ayant ainsi situé le débat sur l'euthanasie dans son contexte contemporain, je chercherai à faire voir, dans un cinquième chapitre, quelle pourrait être la contribution de la théologie à la réflexion commune sur l'euthanasie. La nature de ce chapitre est nettement différente de ceux qui le précèdent: si ceux-ci étaient, en quelque sorte, de nature phénoménologique, le dernier se veut plutôt la démarche d'un théologien qui cherche à voir comment faire pour promouvoir l'humain lorsque la maladie conduit à la mort.

Quatre constats de départ

Les réflexions que je propose sur l'euthanasie s'inscrivent dans le contexte d'un certain nombre de constats que je veux présenter brièvement. Premier constat: pendant longtemps, le débat sur l'euthanasie a été principalement réservé aux théologiens et aux philosophes. Sans nier la réalité de certains cas qui étaient évoqués à l'occasion, la question restait plutôt théorique. Les arguments religieux s'avéraient puissants. En général, ils arrivaient à convaincre contre l'euthanasie malgré la sécularisation progressive de la société, d'autant plus qu'ils étaient appuyés par l'éthique médicale inspirée du serment d'Hippocrate. La sensibilité morale de l'Occident s'opposait à l'idée de hâter la mort pour des motifs de compassion.

Cette situation n'est plus vraie. Le débat sur l'euthanasie est désormais public et les citoyennes et citoyens prennent position sur le sujet. Des médecins affirment qu'ils ont pratiqué l'euthanasie ou qu'ils seraient prêts à le faire dans certaines circonstances; des citoyens militent pour changer la loi, des spécialistes du droit proposent une libéralisation des pratiques, les neuf juges de la Cour suprême du Canada sont divisés à cinq contre quatre à propos d'une demande d'aide médicale au suicide et l'opinion publique est de plus en plus favorable à l'euthanasie, à l'aide médicale au suicide ou à des gestes apparentés. Les médias font d'ailleurs campagne dans ce sens. Ce changement de société s'opère en même temps que celle-ci reconnaît de plus en plus l'importance et la nécessité des soins palliatifs. Ce premier constat est clair: les pressions s'intensifieront pour légaliser l'euthanasie et, du fait même, en valoriser la dimension éthique.

S'impose un deuxième constat: les arguments fondamentaux qui sont avancés pour s'opposer aux changements législatifs — du moins leur inspiration originelle — sont largement d'ordre religieux. L'argumentation qui a fondé la position sur l'euthanasie au cours des derniers siècles a perdu de sa force auprès de beaucoup de nos contemporains. Nous sommes entrés dans une nouvelle culture, une culture séculière. Ici, l'autonomie de l'individu a priorité, la maîtrise sur la vie est au cœur de la vision du monde, la souffrance est un mal inacceptable. Le constat de l'inefficacité des arguments religieux à convaincre, tout pénible qu'il soit pour beaucoup de nos contemporains, doit cependant être reconnu pour que la réflexion sur l'euthanasie ne soit pas bloquée par des incompréhensions profondes et à jamais tues.

Les êtres humains sont en quête d'une bonne mort: tel est le troisième constat. Les formes de cette bonne mort ont varié tout au cours de l'histoire. Pendant longtemps, dans l'Occident chrétien, la bonne mort a correspondu au modèle établi par les Églises. Dans mon enfance au Québec — nous sommes dans les années 1950 — elle signifie mourir à la maison entouré des siens. Elle est un événement familial, paroissial, religieux et social. Au moment où la personne s'approche tout près de la mort, le médecin s'est retiré, le prêtre est venu, la famille s'affaire auprès de la malade qui est consciente de l'événement mais que la faiblesse rend quasi incapable de s'exprimer, les petits-enfants continuent leurs activités mais avec une gravité particulière. Il se passe quelque chose d'important.

Vingt-cinq ans plus tard, c'est-à-dire au milieu des années 1970, la bonne mort prend une tout autre forme. Dès l'annonce de la maladie, la personne entre à l'hôpital, la gravité de la maladie l'exige d'autant plus que la biomédecine est désormais en mesure de réaliser des prolongations extraordinaires. Si on prévoit une mort prochaine, la famille est mise au courant. Une conspiration du silence s'organise alors entre le médecin, les infirmières et la famille. Il faut éviter à la personne malade la souffrance inutile et le désespoir que susciterait l'annonce d'une nouvelle aussi dramatique. Les petits-enfants ne sont pas admis à l'hôpital; peut-être ne viendront-ils même pas au salon funéraire. Le contact avec la mort risquerait d'être trop dur pour eux; il ne faut pas les priver des joies insouciantes de l'enfance. La personne mourante est désormais privée de sa mort alors qu'elle a été jugée responsable de sa vie. Voilà le modèle de bonne mort qui, dans les années 1970, s'est installé dans notre société. En ces années, la mort devait être silencieuse.

Dès la fin des années 1970, un troisième modèle commence à poindre. Contre les excès de la mort médicalisée, que l'on pense ici au célèbre cas Karen Quinlan*, un nouveau discours commence à être prononcé qui met l'accent sur la responsabilité de la personne malade à participer aux décisions qui la concernent. Naissent alors les soins palliatifs, le testament de vie, le droit à l'arrêt de traitement

---

* Karen Ann Quinlan fut, par suite d'une anoxie cérébrale, réduite à l'état végétatif. Son père demanda à la Cour suprême du New Jersey d'être nommé *guardian* à la personne et aux biens de sa fille. Puisqu'il n'y avait aucun espoir de guérison, M. Quinlan demandait le pouvoir d'autoriser la cessation des moyens extraordinaires qui prolongeaient la vie de sa fille. La Cour suprême de l'État accepta la demande du père à condition que le *guardian* obtienne l'accord de la famille et que le comité d'éthique de l'établissement donne son accord. *In the Matter of Karen Quinlan*, Supreme Court of New Jersey, 31 mars 1976.

de même que les stades définis par Kübler-Ross[2]. L'art du *bene moriendi* renaît. Des professionnels qui maintenant se spécialisent dans l'aide aux mourants (on pourrait même les considérer comme de nouveaux clercs[3]) se donnent comme tâche de permettre à ces personnes de mourir sereinement, c'est-à-dire après avoir vécu les différentes étapes du bien mourir. Enfin, il y a une explosion d'écrits, de discours et de sessions sur la mort. Celle-ci est réintroduite dans la sphère publique.

À lire les textes consacrés au troisième modèle, le lecteur en vient rapidement à la conclusion que ce mouvement cherche à réapprivoiser la mort; on parle même de «reconquérir sa mort[4]». Celle-ci appartient à l'être humain. Aujourd'hui, tant à l'hôpital qu'à l'université, on forme des soignantes et des soignants compétents dans le but de permettre aux personnes mourantes de vivre avec sens et dignité la dernière phase de leur vie. Ce troisième modèle, né à la fin des années 1970, est celui des soins palliatifs.

Malgré ses richesses et ses promesses, ce troisième modèle ne semble pas satisfaire pleinement les sociétés occidentales. Le droit à la mort paraît appeler un quatrième modèle qui serait plus adapté aux situations nouvelles engendrées par les développements récents de la biomédecine et la reconnaissance des droits de l'individu. Ce nouveau modèle en train de naître est celui du droit quasi absolu du malade à déterminer le moment de sa mort et de décéder avec le soutien d'un professionnel. L'autonomie est ici totale.

J'ajouterai un quatrième constat que je propose ici comme une hypothèse. L'ensemble des personnes engagées dans les soins palliatifs se sentent profondément choquées par le mouvement en faveur de l'euthanasie. Leur malaise se comprend: ces personnes ont engagé leurs meilleures énergies, intellectuelles, affectives et spirituelles, pour humaniser la mort. Elles ont accompli une tâche colossale, car

---

2. Kübler-Ross, Elizabeth, *Les derniers instants de la vie,* Genève, Labor et Fides, 1969, p. 279.

3. Larouche, Jean-Marc, *Eros et Thanatos sous l'œil des nouveaux clercs,* Montréal, VLB éditeur, 1991, p. 121-165.

4. Plamondon, Monique, «Reconquérir sa mort au Québec: réflexions pratiques», dans Jacques Dufresne, dir., *Le chant du cygne,* Montréal, Méridien, 1992, p. 63-87.

elles ont dû se battre contre de nombreux et imposants obstacles. Et voilà que leur travail, qui représente une profonde avancée humaniste, est remis en question par différents groupes de personnes. Je pense ici aux avocats et philosophes qui n'ont aucune expérience de travail sur le terrain avec les mourants et leurs familles. Au nom du droit sacré à l'autonomie, ils évacuent le processus de mort. Je pense aussi aux médecins qui s'acharnent à prolonger la vie parce qu'incapables de faire face à la mort et qui ne trouvent comme solution à leur impuissance que la suppression du mourant lui-même.

Ces constats sont à la base des réflexions qui parcourent cet essai. Ils orientent mon questionnement, nourrissent mes réflexions et me soutiennent dans ma conviction que la question de l'euthanasie ne peut se résoudre par un simple changement de législation. Il faut en premier lieu changer notre vision de la médecine et notre rapport avec celle-ci. Telle est le préoccupation centrale qui me guidera tout au long de ces réflexions.

EUTHANASIE

Le *Robert*: *(1) Didact. (méd.)* Mort douce et sans souffrance, survenant naturellement ou grâce à l'emploi de substances calmantes ou stupéfiantes. *(2) Cour.* Usage de procédés qui permettent de hâter ou de provoquer la mort pour délivrer un malade incurable de souffrances extrêmes ou pour tout autre motif d'ordre éthique.

Le *Larousse*: *(1) Vieux.* Mort sans souffrance. *(2)* Théorie selon laquelle il est licite d'abréger la vie d'un malade incurable pour lui épargner des souffrances.

L'*Oxford*: *(1)* A quiet and easy death. *(2)* The means of procurement this.

Le *Webster*: *(1)* An easy death. *(2)* A putting to death by painless means. *(3)* A means of putting to a painless death.

DÉFINITION DES TERMES

Euthanasie: acte qui consiste à provoquer intentionnellement la mort d'autrui pour mettre fin à ses souffrances.

Types d'euthanasie: *active:* hâter la mort de quelqu'un; *passive:* ne plus lutter en faveur du maintien de la vie pour laquelle la médecine est devenue impuissante, tout en ne provoquant pas la mort; *volontaire:* à la demande ou avec le consentement du patient compétent; *involontaire:* sans le consentement du patient apte (ou) si le patient est inapte.

Aide au suicide: le fait d'aider quelqu'un à se donner volontairement la mort en lui fournissant les renseignements et/ou les moyens nécessaires.

Arrêt de traitement: le fait de cesser un traitement susceptible de maintenir le patient en vie.

Abstention de traitement: le fait de ne pas amorcer un traitement susceptible de maintenir un patient en vie.

Soins terminaux: soins à offrir à une personne pour qui la médecine est impuissante à prolonger la vie qui ne demande qu'à s'éteindre.

Soins palliatifs: soins destinés à soulager la souffrance et à assurer le confort plutôt qu'à guérir.

LA DEMANDE DE CHANGEMENTS JURIDIQUES DANS DIFFÉRENTS PAYS

Ce premier chapitre est consacré au droit. Cette manière de procéder a de quoi surprendre: le droit ne devrait-il pas en effet être discuté à une étape subséquente, après que la problématique de la situation aura été bien établie et lorsqu'il sera temps de passer aux décisions de société? Ainsi, objectera-t-on, pourquoi ne pas commencer par l'aspect médical, c'est-à-dire l'acharnement thérapeutique, les douleurs provoquées par des prolongations inefficaces, la souffrance causée par l'angoisse ou l'isolement, la limite des soins palliatifs? Trois raisons principales m'amènent à faire, dès le premier chapitre, un tour d'horizon des pressions exercées, dans un certain nombre de pays occidentaux, pour des changements aux législations concernant l'euthanasie et l'aide au suicide. La première est que le droit est aujourd'hui intimement lié à la pratique médicale. La deuxième raison tient au fait que l'argumentation actuelle en faveur de l'euthanasie et de l'aide médicale au suicide est principalement de nature juridique. Enfin, troisième raison, le droit est devenu la référence ultime de nos sociétés; il sert à résoudre nos conflits dans un univers où il n'y a plus de consensus sur les valeurs fondamentales.

Le droit est déterminant pour les pratiques que les tenants de l'euthanasie proposent d'instaurer. Un exemple sera ici éclairant. Je remarque que l'argument premier d'un grand nombre de médecins pour refuser une demande d'euthanasie ou d'aide au suicide consiste à dire que ce n'est pas légalement acceptable. Si certains médecins répondent que poser un tel geste serait aller contre leurs convictions, bon nombre indiquent qu'ils n'y seraient pas nécessairement opposés mais qu'ils ne peuvent le poser en raison de la loi. Certains médecins n'emploient que l'argument légal dans leur réponse à la demande du malade car ainsi, disent-ils, ils sont protégés contre les difficultés «métaphysiques» et psychologiques qui ne pourraient qu'embêter le malade et le rendre encore plus malheureux. L'argument est péremptoire.

Cet exemple témoigne de façon concrète que le droit donne, en quelque sorte, la réponse ultime. Autrefois, cette réponse était accordée, pour chaque société, par la religion du groupe. Cette dernière exprimait les valeurs de fond de la communauté. Les sociétés modernes ont désormais perdu la cohésion que la religion garantissait. Dans les discussions de morale, n'insiste-t-on pas beaucoup sur le fait que nous vivons dans des sociétés pluralistes? Le droit devient ainsi le point ultime de référence pour fonder la décision.

La deuxième raison découle en quelque sorte de la première. De fait, à y regarder de près, il est clair que l'argumentation actuelle en faveur de l'euthanasie et de l'aide médicale au suicide est de nature juridique. Les différentes raisons apportées en faveur de l'euthanasie et de l'aide médicale au suicide appartiennent à deux grands groupes. Une première série de raisons tient à l'indignité d'une vie qui est faite de douleurs et de souffrances et qui s'en va vers sa fin. Une personne a le droit de refuser une telle vie; elle n'a pas à dépendre d'un pouvoir médical qui voudrait prolonger indûment semblable existence. Depuis quelques années, le droit à l'arrêt de traitement a été reconnu. Mais avant 1976, les choses n'étaient pas si simples. On n'a qu'à se rappeler le combat de la famille Quinlan contre l'establishment médical et hospitalier qui voyait l'interruption de la réanimation comme un manquement grave à l'éthique médicale. Plus près de nous, à Québec en 1992, l'affaire Nancy B. (la malade était atteinte du syndrome de Guillain-Barré) a aussi fait voir que les autorités hospitalières et médicales en cause avaient absolument besoin de la caution d'un tribunal pour répondre aux vœux d'arrêt de traitement de la patiente qui était totalement dépendante d'un appareil pour assurer sa respiration. Comme dans de nombreux cas en Amérique du Nord, un juge a dû ici intervenir pour établir le bien à faire, c'est-à-dire reconnaître le droit de la patiente à laisser la nature suivre son cours[5]. Cette seconde série d'arguments est liée à la première. Les motifs en faveur de l'euthanasie sont présentés en termes de droit: droit à la mort, droit à la dignité ou droit à décider de sa propre vie. Toute l'argumentation est centrée sur les droits de l'individu et sur son autonomie. L'individu doit avoir le contrôle de sa vie, ce que Dworkin appelle *Life's Dominion*[6]. Carl Schneider dit la même chose lorsqu'il affirme que l'on a cherché «à transformer le discours sur l'euthanasie en un débat sur un droit constitutionnel de mourir[7]». Ce contexte explique sans doute pourquoi le débat sur l'euthanasie et l'aide médicale au suicide porte particulièrement sur les adultes en fin de vie et non sur les enfants et les nouveau-nés.

La troisième raison est liée aux deux premières. La loi est, en quelque sorte, devenue la référence ultime de nos sociétés; référence ultime, non au sens de sacré, c'est-à-dire intouchable, à la manière de la religion, mais au sens du seul recours à notre disposition pour vivre ensemble dans une société qui aspire à la paix sociale. Nous nous définissons comme des sociétés de droit. Même si ce dernier n'est pas sacré, il faut reconnaître qu'il exerce une fonction autrefois attribuée à la religion. Comme l'écrivait encore Carl Schneider, citant Abraham Lincoln, «la Constitution [américaine] est devenue la religion politique de ce pays», ajoutant que «plusieurs Américains prennent maintenant pour acquis que la Constitution contient des règles morales aussi bien que légales[8]». Cette interprétation du droit en transforme le rôle; il n'est plus seulement un instrument servant à résoudre les conflits dans la société ou entre les sociétés, il prend une dimension beaucoup plus globale, définissant le cadre de la vie en société.

La primauté accordée au droit a deux conséquences qui doivent être mentionnées. La première consiste en ce que «la morale elle-

---

5. La Cour supérieure, district de Québec, *Nancy B. vs L'Hôtel-Dieu de Québec*, 6 janvier 1992.

6. DWORKIN, Ronald, *Life's Dominion. An Argument about Abortion, Euthanasia, and Individual Freedom*, New York, Vintage Books, 1994, 271 p.

7. SCHNEIDER, Carl, «Bioethics and the Language of Law», dans *Hastings Center Report*, 24 (4), juillet-août 1994, p. 18.

8. SCHNEIDER, dans *Hastings Center Report*, p. 16.

même recule devant le juridique» et que «la dignité de la personne, son droit à l'intimité, au respect, à la renommée, à l'éducation, aux soins, à l'intégrité corporelle et ainsi de suite ne sont plus invoqués en vertu de la loi naturelle, mais en vertu d'articles précis de lois positives que l'on a rehaussées sous le titre de Chartes ou de Déclarations[9]». Les grands principes moraux ont donc été «juridicisés». La seconde conséquence s'exprime dans le fait que, dans une société qui réduit la morale à l'individu et à ses libres choix, «aucun jugement moral ne peut être prononcé sur la vie privée, donc seules les lois peuvent déterminer des normes morales générales[10]». La reconnaissance des droits et l'individualisme semblent d'ailleurs aller de pair au sens où le langage des droits est «davantage centré sur l'individu que sur la société dans son ensemble ou le bien-être de toute la communauté[11]».

En présentant la demande de changements juridiques dans différents pays, ma préoccupation est double: elle est de connaître l'état de la législation dans les pays retenus et aussi de tenter de dégager l'argumentation utilisée par les autorités judiciaires ou législatives lorsqu'elles doivent aborder des cas précis ou décider d'une politique. Cette analyse permet de cerner la compréhension que ces milieux ont, non seulement de l'euthanasie et de l'aide médicale au suicide, mais aussi du sens de la médecine, de la maladie, du rôle de la société à l'égard du mourant, de la souffrance et de la mort. Pour cette analyse, je prendrai quelques pays, dont entre autres, les Pays-Bas, les États-Unis, le Canada et la Suisse[12].

---

9. ROCHER, Guy, «La bioéthique comme processus de régulation sociale: le point de vue de la sociologie», dans Marie-Hélène PARIZEAU, dir., *Bioéthique. Méthodes et fondements*, Cahiers scientifiques. Montréal, ACFAS, 1991, p. 52.

10. CALLAHAN, Daniel, «Minimalist Ethics: On the Pacification of Morality», dans *Hastings Center Report*, 11 (5), octobre 1981, p. 24.

11. CALLAHAN, Daniel, «L'éthique bio-médicale aujourd'hui», dans *Éthique et biologie*, Paris, Éditions du centre national de la recherche scientifique, 1986, p. 48.

12. La France a été, dans les années 1970, à l'avant-garde du débat sur l'euthanasie. Les projets de loi du sénateur Caillavet et les prises de position très médiatisées de Léon Schwartzenberg en témoignent éloquemment. En 1989, deux propositions de loi ont été déposées sur le bureau de l'Assemblée. Jusqu'à ce jour,

Les Pays-Bas

L'histoire de la dépénalisation de l'euthanasie

La mise en question de la législation néerlandaise sur l'euthanasie débuta en 1973. L'arrêt du tribunal de Leeuwarden en fut l'occasion.

> En 1971 un médecin de famille pratiqua l'euthanasie sur sa mère en réponse à son désir explicite et répété. Il injecta une dose mortelle de 200 mg de morphine à sa mère qui ne supportait plus sa souffrance et sa situation déprimante dans un institut médico-social. Dix-huit médecins de la région, les habitants du village et dix ministres mennonites du Friesland lui accordèrent leur soutien. Deux ans plus tard, le tribunal déclara le médecin coupable puisque la loi ne lui laissait pas d'autre possibilité. Il lui infligea une sentence d'une semaine de prison avec sursis[13].

Cette décision de la cour de Leeurwarden provoqua, on s'en doute, de vives réactions. Des groupes s'organisèrent pour exiger des changements au Code pénal et les pétitions se multiplièrent à ce propos. D'autres, au contraire, s'opposèrent à une libéralisation de la loi. La scission s'installa au sein de l'Association royale médicale néerlandaise (ARMN). De 1972 à 1976, la proportion de la population en faveur de l'euthanasie passa de 44% à 61%. Le gouvernement créa une première commission d'étude qui, en 1977, proposa d'amender le Code pénal. Lorsqu'en 1979 le débat fut repris au Parlement, l'impasse fut totale au point que plusieurs cabinets tombèrent au moment même où les ministres allaient aborder la question.

Le vide légal se poursuivit jusqu'en 1984 alors que la Cour suprême des Pays-Bas dut se prononcer sur un cas d'euthanasie. Le plus haut tribunal décida que l'euthanasie volontaire était acceptable, même si l'action allait à l'encontre du Code pénal, mais à condition que les personnes responsables respectent des critères de prudence et de sollicitude. Peu après ce jugement, l'Association royale médicale

---

elles n'ont donné lieu à aucun débat. C'est pourquoi il était difficile de présenter ici le débat juridique français. Maurice ABIVEN, *Une éthique pour la mort,* Paris, Desclée de Brouwer, 1995, p. 131-132.

13. KIMSMA, G.K. et VAN LEEUWEN, E., «Dutch Euthanasia: Background, Practice, and Present Justifications», dans *Cambridge Quarterly of Healthcare Ethics,* 2, hiver 1993, p. 21.

néerlandaise publia ses directives sur l'euthanasie. Le gouvernement mit sur pied une deuxième commission d'étude. En 1986, un second arrêt de la Cour suprême confirma la position prise deux ans plutôt. À partir de ce moment, même si formellement interdite, l'euthanasie fut permise sous réserve d'un respect des directives de l'Association royale médicale néerlandaise, lesquelles, entre-temps, avaient été légèrement modifiées. Il était laissé au jugement du procureur de la Couronne de poursuivre ou non un médecin qui avait accompli un acte d'euthanasie.

Une troisième commission d'étude qui prit le nom de Remmelink, du nom de son président, fut créée en 1990. Le gouvernement la chargea d'étudier la pratique et les décisions médicales face aux malades en fin de vie et en particulier face à l'euthanasie. Les résultats des travaux de la Commission Remmelink furent âprement discutés. Pour les uns, malgré quelques failles évidentes dans le système, la pratique de l'euthanasie était saine: elle était moins répandue qu'on le croyait et elle respectait les normes de l'Association royale médicale néerlandaise. Les autres relevèrent des manquements graves aux directives établies et évoquèrent les risques évidents de dérive vers un élargissement des catégories de malades qui pourraient être euthanasiés.

En 1992, on proposa au Parlement néerlandais un projet de loi dépénalisant la pratique de l'euthanasie. Le 9 février 1993, il approuva à une forte majorité le projet déposé par un gouvernement de coalition composé de socialistes et de chrétiens démocrates. Ce n'est que le 1er juin 1995 que la loi entra définitivement en vigueur.

Le nouveau cadre légal

Quel est le cadre légal que le Parlement a mis en place? Quatre éléments le résument. Première remarque: le Parlement néerlandais n'a pas éliminé le caractère illégal de l'euthanasie qui demeure un acte criminel. Il est cependant reconnu, c'est le deuxième élément, que les médecins ne seront pas poursuivis s'ils posent un acte d'euthanasie en se conformant à la loi et aux directives qui l'accompagnent. Le troisième élément concerne le devoir du médecin de rapporter à une autorité compétente tout geste euthanasique considéré comme une «décision médicale de fin de vie» (DMFV). La

DMFV comprend toute situation qui n'est pas un cas de mort naturelle. Ainsi en est-il de l'abstention ou de l'arrêt de traitement, du soulagement de la douleur avec fortes doses d'opiacées et de l'euthanasie. Les directives issues de la loi, c'est le quatrième élément, s'appliquent dans tous les cas de DMFV, qu'il y ait eu ou non demande d'euthanasie[14].

Quant aux directives, elles sont résumées dans le tableau 1[15] et le rapport que doit faire le médecin est présenté au tableau 2:

Tableau 1
LES DIRECTIVES

1. Le patient doit être lucide et demander à mourir, à plusieurs reprises;
2. deux médecins doivent juger que la demande est raisonnable;
3. le patient doit subir des souffrances intolérables qui ne peuvent être soulagées;
4. tous les traitements possibles doivent avoir été envisagés par la médecine ou refusés par le patient;
5. l'euthanasie doit être pratiquée par un médecin après consultation avec un collègue;
6. le médecin doit avertir le coroner de toute pratique euthanasique et soumettre un rapport dont les éléments sont précisés dans les directives elles-mêmes.

Tableau 2
RAPPORT QUE DOIT PRÉPARER LE MÉDECIN

1. L'historique de la maladie, l'indication que le patient était très souffrant et qu'il n'y avait pas d'autres solutions;
2. le moment où la demande a été faite;
3. le compte rendu des discussions avec la famille;
4. le compte rendu des discussions avec un autre médecin;
5. la date et l'heure auxquelles l'euthanasie a été pratiquée;
6. les substances utilisées;
7. le nom des témoins.

---

14. KIMSMA, G.K., dans *Cambridge Quarterly of Healthcare Ethics*, p. 259.
15 Les directives sont tirées presque verbatim de *Frontières*, printemps-été 1995, p. 47.

Réflexions critiques

La présentation de la situation néerlandaise a été jusqu'ici de nature plutôt objective. Une courte analyse critique est maintenant nécessaire d'autant plus que les Pays-Bas sont cités en exemple tant par ceux qui cherchent à libéraliser les lois sur l'euthanasie que par ceux qui mettent en garde contre un éventuel élargissement législatif. Je ferai quatre remarques.

À la différence des Nord-Américains, les Néerlandais ne font pas reposer le fondement de la moralité de l'euthanasie sur l'autonomie du patient, entendue dans un sens absolu. Le médecin fait face à un conflit de devoirs, entre préserver la vie et alléger les souffrances insupportables d'un malade à la demande de ce dernier. Le médecin est placé devant un cas de force majeure et il exerce sa responsabilité professionnelle.

Le Nord-Américain, même le Canadien dont le système de services de santé est «socialisé», est frappé par le contexte de la dispensation des soins en Hollande. En Amérique, 85% des malades meurent à l'hôpital alors qu'on n'en compte que 60% aux Pays-Bas. D'une façon plus précise, 48% des malades cancéreux reviennent mourir à la maison. De plus, la plupart des soins primaires sont dispensés par le médecin de famille, soit à la maison soit au cabinet médical. Le médecin vit habituellement dans le voisinage, ce qui l'amène à bien connaître le milieu et le soutien que peuvent procurer les familles. Si l'euthanasie est pratiquée, elle ne le sera pas par un médecin inconnu mais par celui qui est proche du malade et de sa famille. Les études à ce propos sont claires: la relation médecin-patient est profondément différente de celle qui s'est établie en Amérique.

Quelques mots doivent être dits à propos du terme d'euthanasie tel que les Néerlandais l'utilisent. Ceux-ci ne reconnaissent plus le bien-fondé de la distinction entre euthanasie passive et active. À ce sujet, ils adoptent une position qui s'impose de plus en plus ailleurs. Il existe, en effet, une contradiction dans les termes puisque euthanasie veut dire hâter la mort d'un patient alors que le qualificatif «passif» laisse entendre au contraire qu'on ne fait rien pour la hâter. Les Néerlandais ont cependant transformé la notion d'euthanasie habituellement acceptée. Ils incluent la dimension volontaire dans la définition même du concept. Celle-ci est maintenant là suivante: mettre fin à la vie d'une personne à sa propre demande. Dans la même foulée, une autre expression a été créée: «Décisions médicales de fin de vie» (DMFV). Ce concept inclut trois groupes de décisions: abstention et interruption de traitement, soulagement de la douleur avec fortes doses de sédatifs et euthanasie.

La définition néerlandaise d'euthanasie a une double conséquence. D'un côté, toute action de hâter la mort de quelqu'un qui n'est pas faite à sa demande n'est pas couverte par la loi de 1993. Elle est, pour les uns, considérée comme un meurtre et, pour les autres, comme une bonne pratique clinique puisque la décision est alors prise pour favoriser une bonne qualité de mort[16]. D'un autre côté, les données statistiques à propos des cas d'euthanasie n'incluent pas ce type d'action puisque ces cas ne sont pas rapportés. Malgré les recherches de la Commission Remmelink pour établir des chiffres précis, le débat sur la véracité des données demeure extrêmement vif.

Enfin, je voudrais dire quelques mots sur la néonatologie. Qu'en est-il des grands prématurés et des malformés sévères? On pourrait se poser des questions semblables à l'autre extrémité de la vie, avec les malades souffrant d'Alzheimer et autres démences. Je retiens ici la néonatologie car des écrits et des histoires de cas nous sont connus. En 1986, la Société néerlandaise de pédiatrie créa un comité pour étudier la situation et faire des recommandations. La discussion s'est élaborée à partir d'un cas survenu en 1987: un enfant trisomique 21 est né avec une atrésie duodénale et de petits intestins, ce qui veut dire que sa survie exigeait le déblocage de l'obstruction. Les parents ont obtenu du chirurgien qu'il n'opère pas l'enfant. Le médecin fut poursuivi jusqu'en Cour suprême. Celle-ci lui donna raison au sens où elle accepta de reconnaître qu'une première intervention chirurgicale ouvrait la porte à bien d'autres souffrances, tant pour l'enfant que pour ses parents. La Cour reconnut cependant les

---

16. C. SCHAAKE-KONING, cité dans DE WACHTER, Maurice A. M., «Euthanasia in the Netherlands», dans *Hastings Center Report*, 22 (2), mars-avril 1992, p. 26.

difficultés éthiques du cas et mit en relief les débats que semblables dilemmes suscitent[17]. Plus récemment la revue suisse *Médecine et Hygiène* rapporta une histoire un peu semblable bien qu'elle se soit produite après l'adoption de la loi de 1994. Un gynécologue hospitalier administra une injection mortelle à une fillette de trois jours sévèrement handicapée. La cour d'appel d'Amsterdam a rejeté les accusations contre le gynécologue puisque ce dernier «se trouvait devant un conflit de devoirs de protéger la vie et son obligation de mettre fin aux souffrances de son patient[18]». La revue ajoute que ce procès est le premier d'une série similaire.

La loi de 1994 ne semble donc pas régler tous les problèmes difficiles que posent certaines situations tragiques aux deux pôles de la vie. L'interprétation des concepts varie selon les situations. Ainsi l'euthanasie, définie comme volontaire, en vient à comprendre les cas de patients inaptes qui auraient choisi cette forme de mort s'ils avaient été capables de la choisir. L'argument de la pente glissante n'est sans doute pas totalement inadapté dans les circonstances.

Les États-Unis

La problématique américaine

On aurait pu croire que les Américains, qui sont à l'origine du renouveau d'intérêt pour l'éthique biomédicale, qui donnent priorité à l'autonomie du patient dans les décisions d'ordre médical et combattent l'indignité de la mort en contexte médico-hospitalier, auraient été particulièrement sensibles aux initiatives néerlandaises. Or les réactions les plus critiques sont souvent venues des États-Unis. Les spécialistes américains de l'éthique ne se sont pas désintéressés de ce qui se passait aux Pays-Bas, bien au contraire. Ils ont largement ouvert les colonnes de leurs revues spécialisées et ils ont organisé des

---

17. KIMSMA, G.K. et VAN LEEUWEN, E., «Acting or Letting Go: Medical Decision Making in Neonatology in the Netherlands», dans *Cambridge Quarterly of Healthcare Ethics*, 2, été 1993, p. 265-269.

18. P.H., «Une cour d'appel hollandaise rejette une poursuite contre un médecin», dans *Médecine et Hygiène*, n° 2097, 13 décembre 1995, p. 2550.

colloques avec les Hollandais pour mieux comprendre le choix de ces derniers. À lire les comptes-rendus des dialogues, on mesure les profondes différences culturelles entre les approches des deux pays. Les prochaines pages seront donc consacrées à présenter la problématique américaine concernant la recherche de libéralisation des lois sur l'euthanasie.

Les débats américains ont particulièrement porté sur les décisions de non-traitement. Dès 1976, l'État de Californie a légalisé le testament de vie par lequel une personne indique sa volonté de ne pas être traitée dans telle ou telle circonstance. Depuis, la plupart des États américains ont emboîté le pas et d'autres moyens ont même été mis en place. Ainsi en est-il du mandat ou du *durable power of attorney*: l'individu nomme à l'avance un mandataire qui deviendra son porte-parole lorsqu'il sera devenu incapable d'exprimer sa volonté. Le Congrès américain a institué en 1991 le *Patient Self Determination Act*: la loi oblige chaque hôpital recevant des fonds fédéraux à remettre lors de l'entrée d'un patient une documentation indiquant qu'il a droit de refuser tout traitement qu'on voudrait lui administrer. Enfin la Cour suprême a, dans le cas Cruzan*, reconnu que l'hydratation et la nutrition artificielles sont des moyens thérapeutiques au même titre que d'autres et peuvent être refusées à la demande du patient. Le non-traitement à la demande du patient, même s'il conduit à la mort, est reconnu comme une position tout à fait morale et légale.

Malgré les efforts d'un certain nombre de groupes et d'individus, l'euthanasie et l'aide médicale au suicide n'ont pas d'abord suscité le même intérêt que l'abstention de traitement. La question

---

* En 1990, la Cour suprême des États-Unis déclara, dans l'affaire Nancy Cruzan, qu'il était acceptable d'arrêter de nourrir artificiellement cette jeune patiente de 22 ans en état végétatif permanent même si le geste entraînait la mort. Le jugement reposait sur la reconnaissance que la jeune fille, avant un fatal accident de voiture, avait oralement exprimé le désir de ne pas être prolongée advenant semblable situation. Dans un premier jugement, cette même Cour avait refusé la permission de cesser la nutrition artificielle en faisant valoir que l'on ignorait la volonté de la jeune fille. Dans un deuxième jugement, elle se rendit à la demande des parents en raison de ce qu'elle considéra une directive préalable de la part de la jeune Nancy.

est désormais ouverte. Je voudrais présenter certains moments clé de ce débat.

Les moments clé du débat

Trois éléments seront ici présentés: quelques textes ont été déterminants, un type d'intervention spectaculaire a marqué l'opinion publique et certaines initiatives populaires ont obligé la communauté à se prononcer.

Trois textes ont exercé une influence considérable en provoquant le débat. Le premier texte est du fondateur d'*Exit* et de *Hemlock*, deux groupes qui, en Grande-Bretagne et aux États-Unis, demandent la libéralisation des lois sur l'euthanasie. Derek Humphry a publié un livre qui est devenu un best-seller, *Final Exit*[19], traduit en français sous le titre de *Exit final* avec comme sous-titre *Pour une mort dans la dignité*[20]. Dans ce livre, il prend position en faveur du suicide et propose des modes d'emploi pour mettre fin à sa vie. C'est un guide d'auto-délivrance.

La deuxième bombe dans les milieux médicaux porte le titre de *It's Over, Debbie* (C'est fini, Debbie). Le texte anonyme fut publié en 1988 dans *JAMA*, revue de l'Association médicale américaine qui regroupe l'ensemble des médecins des États-Unis[21]. Il mérite un long résumé:

> Un résident de gynécologie dans un grand hôpital privé fut appelé une nuit par une infirmière de gynécologie-oncologie à propos d'une patiente qui n'arrivait pas à dormir. Au poste infirmier, le dossier indiquait qu'il s'agissait d'une jeune patiente de 20 ans qui se mourait d'un cancer des ovaires. La chimiothérapie n'avait eu aucun effet. À ce stade, on ne pouvait qu'essayer de soulager ses souffrances. La jeune fille était dans un état lamentable. Dès que le médecin entra dans la chambre, elle lui demanda: «Mettez fin à tout cela.»

---

19. HUMPHRY, Derek, *Final Exit: The Practicalities of Self Deliverance and Assisted Suicide for the Dying*, The Hemlock Society, 1991, 192 p.

20. HUMPHRY, Derek, *Exit final. Pour une mort dans la dignité*, Montréal, Le Jour, 1991, 249 p.

21. Anonyme, «It's Over, Debbie», dans *JAMA*, 259 (2), 8 janvier 1988, p. 272.

Le résident se retira au poste infirmier et se dit que s'il ne pouvait rien pour lui redonner la santé, il pouvait lui donner le repos. Il demanda à l'infirmière de verser 20 mg de sulfate de morphine dans une seringue qu'il prit avec lui dans la chambre de Debbie. Il lui dit qu'il allait lui injecter un médicament qui lui donnerait le repos. Debbie regarda la seringue et reposa sa tête sur l'oreiller. Le médecin donna la morphine et la jeune fille s'endormit. Une femme d'âge moyen qui était au chevet de Debbie pendant tout ce temps parut soulagée.

La réaction à une telle histoire ne se fit pas attendre. Des médecins parmi les plus connus dans le champ de l'éthique protestèrent auprès de la revue pour avoir publié un texte anonyme allant à l'encontre de l'éthique médicale. La revue n'avait-elle pas été irresponsable? On se demanda même si ce morceau de littérature n'était pas une supercherie tellement la manière de faire était contraire à la plus élémentaire morale.

En 1991, Timothy E. Quill, médecin de famille, professeur à la Faculté de médecine de l'Université de Rochester et spécialiste de la communication médecin-patient, publia un texte d'une tout autre densité que «It's Over, Debbie». Voici l'histoire de l'assistance au suicide qu'il apporta à une malade d'âge moyen atteinte de leucémie aiguë:

Le médecin connaissait bien Diane qui avait eu une vie pleine de défis et qui, à chaque fois, avait réussi à s'en sortir. Elle était mariée et mère d'un enfant. Lorsqu'elle apprit sa nouvelle maladie, une leucémie aiguë, qui demandait un traitement urgent dont le succès n'était pas assuré, elle refusa la chimiothérapie proposée. De plus, elle demanda à son médecin de l'aider à terminer sa vie lorsque la détérioration serait trop avancée pour qu'elle puisse conserver la maîtrise de sa vie. Après discussion avec Diane et craignant qu'elle ne fasse une tentative de suicide qui serait encore plus dévastatrice, le médecin refusa l'euthanasie mais lui indiqua que l'information dont elle avait besoin était disponible à la *Hemlock Society*. Le médecin demeura en contact avec la patiente tout au cours de sa maladie. Quelques mois après le début de la leucémie, le mari appela le médecin pour lui annoncer que Diane avait mis fin à sa vie. Le médecin se rendit à la maison et de là, appela l'officier médical pour lui faire part du décès d'une patiente qu'il traitait en soins palliatifs. À la question concernant la cause de la mort, il répondit «leucémie aiguë».

Cette histoire de cas a eu un retentissement considérable dans le milieu médical car elle possédait toutes les caractéristiques d'une démarche humaine et responsable. Elle posait le problème d'une façon différente que dans le cas de Debbie puisqu'il ne s'agissait plus d'euthanasie mais d'aide au suicide et que la malade était bien connue du médecin. Timothy Quill raconta en 1991 cet épisode difficile de sa pratique dans un numéro de la prestigieuse revue médicale *The New England Journal of Medicine*[22].

Après ces trois textes, voici un geste de nature spectaculaire dont seuls les Américains sont capables. Un médecin à la retraite de l'État du Michigan, Jack Kevorkian, inventa une machine à suicide qu'il offrit aux personnes qui souffraient de maladies terminales progressives comme la maladie d'Alzheimer. Chaque suicide qu'il aida à réaliser fit la une des médias. Voici le résumé de la première utilisation de la machine à suicide[23]:

> En 1989, Janet Adkins, âgée de 54 ans et domiciliée dans l'État de l'Oregon, connaissait les premiers signes de la maladie d'Alzheimer. Elle ne voulait pas finir ses jours comme d'autres malades qu'elle connaissait. Après avoir essayé inutilement un traitement expérimental, elle décida qu'elle voulait mourir. Ayant entendu parler de l'appareil du Dr Kevorkian, Janet le contacta.
>
> En juin 1990, elle se rendit au Michigan avec ses trois fils et son mari. Ce dernier, croyant que sa femme changerait sans doute d'avis, lui avait acheté un billet de retour. Jack Kevorkian les rencontra au motel et filma la rencontre. Le lendemain, une autre discussion eut lieu. Janet affirma sa ferme volonté d'en finir. Nul ne voulut louer une pièce au médecin lorsque ce dernier indiqua la raison de sa location: installer un lit qui permettrait à Janet de mettre un terme à sa vie. Le médecin installa le lit dans sa fourgonnette Volkswagen qu'il stationna dans un parc public. Il introduisit une perfusion au bras de Janet. Celle-ci actionna un levier qui laissa passer un sédatif et mit en marche un instrument qui laissait passer du chlorure de potassium. Bientôt, le cœur s'arrêta.

22. QUILL, Timothy E., «Death and Dignity - A Case of Individualized Decision Making», dans *The New England Journal of Medicine*, 324, 1991, p. 691-694.

23. SINGER, Peter, *Rethinking Life and Death*, Oxford, Oxford University Press, 1995, p. 133-134.

Venons-en enfin à trois initiatives populaires qui ont eu lieu ces dernières années sur la côte ouest américaine et qui ont été dirigées par la *Hemlock Society*. La première (Initiative 119) fut soumise aux citoyens de l'État de Washington en novembre 1991. La Californie fut le deuxième État à se prononcer sur une libéralisation de l'euthanasie (Proposition 161); le vote eut lieu en novembre 1992. Ces deux initiatives furent refusées à la même proportion: 54% contre et 46% pour la libéralisation de l'euthanasie. À une occasion, l'euthanasie s'étendait aussi aux individus devenus inaptes mais qui avaient indiqué leur volonté dans des directives préalables; dans l'autre, l'euthanasie ne pouvait être accordée qu'à un malade disposant de toutes ses facultés au moment de sa demande.

En novembre 1994, les citoyens de l'Oregon eurent à se prononcer sur la Mesure 16, qui était libellée de la manière suivante: «La loi devrait-elle permettre aux patients adultes de l'Oregon qui ont une maladie terminale et en sont pleinement informés, d'obtenir de leur médecin une ordonnance pour des médicaments qui mettraient fin à leur vie?» À 51% contre 49%, les votants répondirent positivement, les deux principales régions urbaines favorisant largement la mesure. La question était quelque peu différente de celle posée lors des deux précédentes initiatives: elle ne portait que sur l'aide médicale au suicide. Après la votation, le gouvernement mit sur pied un groupe de travail pour établir les règles de fonctionnement de la nouvelle mesure. Avant que le travail ne soit terminé, la constitutionnalité de la mesure 16 fut contestée. Un premier juge accepta la contestation, de sorte qu'une cour d'appel fut saisie de l'affaire et, bientôt après, la Cour suprême[24].

De nombreux États tentent actuellement de développer des politiques concernant la fin de vie, soit pour libéraliser la loi, soit pour la maintenir telle quelle. Chaque politique, aussitôt qu'elle est édictée, est contestée devant les tribunaux. À mesure que les arrêts sont rendus par les différentes instances judiciaires, les divergences

---

24. CAMPBELL, Courtnay S., «When Medicine Lost Its Moral Conscience: Oregon Measure 16», dans Jonathan D. MORENO, ed., *Arguing Euthanasia*, New York, Simon & Schuster, 1995, p. 140-167.

sautent aux yeux. Deux cours d'appel ont déclaré illégales les règles établies par certains États interdisant aux médecins d'aider les malades en phase terminale à se suicider[25]. En juin 1997, les neuf juges de la Cour suprême des États-Unis ont, à l'inverse de ces deux cours, déclaré que l'assistance médicale au suicide n'était pas un droit inscrit dans la constitution américaine. Ils n'ont cependant pas fermé la porte à des changements législatifs à cet effet.

Réflexions finales

Ce compte-rendu succinct ne rend pas compte de toute la problématique américaine. Pour mieux saisir celle-ci, il faut nous arrêter aux courants de pensée qui habitent cette société. Je voudrais faire ici trois remarques.

Les Américains ont l'«obsession» de l'autonomie de l'individu, donc du patient. La bioéthique américaine s'est d'ailleurs développée autour de ce thème. C'est pourquoi le testament de vie a déjà vingt ans: il s'agissait de respecter la volonté du malade, même lorsque celui-ci n'était plus en mesure de l'exprimer. La place accordée à l'autonomie explique aussi pourquoi les Américains privilégient l'aide médicale au suicide au détriment de l'euthanasie. Le suicide demeure l'acte délibéré d'un patient qui fait un choix définitif. L'échec des initiatives populaires en Californie et dans l'État de Washington et le succès de l'Oregon s'expliquent sans doute par la crainte que l'euthanasie, en bout de ligne responsabilité du médecin et donc forcément aléatoire, ne mène à des abus. L'aide au suicide, plus autonome, semble mieux à l'abri de ces excès.

Les Américains, en mettant l'accent sur l'assistance médicale au suicide, se distinguent donc nettement des Néerlandais qui ont laissé tomber l'expression[26]. Ce fait ne veut pas dire qu'aux États-Unis, il y a consensus à ce propos. Un certain nombre de spécialistes

---

25. CAPRON, Alexander Morgan, «Liberty, Equality, Death», dans *Hastings Center Report*, 26 (3), mai-juin 1996, p. 23-24.

26. VAN BERKESTIJN, T., cité dans DE WACHTER, Maurice A. M., «Euthanasia in thee Netherlands», dans *Hastings Center Report*, 22 (2), mars-avril 1992, p. 25.

seraient en faveur de la légalisation de l'euthanasie[27]. Les articles au sujet de l'aide médicale au suicide se multiplient, en particulier dans *The New England Journal of Medicine*. Dans ces articles, on reconnaît les dangers de l'aide au suicide, d'où les balises ou critères cliniques que l'on propose de mettre en place. On ajoute cependant qu'à certains moments il est impossible de ne pas se prêter à la demande d'aide.

Pour les tenants de l'aide médicale au suicide, celle-ci n'altère pas l'intégrité de la médecine, car, dans un tel cas, la confiance du patient à l'égard du médecin n'est pas mise en cause[28]. Au contraire, reprenant un argument emprunté aux Hollandais, on soutiendra que la confiance d'un malade à l'égard de son médecin ne fait qu'augmenter si celui-ci promet à son patient de ne pas le laisser tomber si la souffrance devient intolérable. L'angoisse du patient diminue d'autant[29]. Les opposants font remarquer le risque que représente une médicalisation du suicide. La prémisse selon laquelle le suicide doit être médicalisé pour être licite transforme la nature même de l'acte, qui passe d'un choix existentiel authentique à un jugement médical qui fait de la mort une thérapie. La loi et l'éthique biomédicale ont refusé le droit de regard médical sur les décisions existentielles comme celle de l'abstention de traitement. L'assistance médicale au suicide devient ainsi un véritable paradoxe[30]. À la médicalisation du suicide, on ajoute aussi la bureaucratisation de la mort en raison des procédures qu'il faut mettre en place pour éviter les dérives.

Dans une deuxième remarque, je voudrais discuter de la distinction entre euthanasie passive et euthanasie active. Les Américains et les Hollandais refusent désormais la distinction. Aux États-Unis cependant, le refus de la distinction donne lieu à deux positions

---

27. MILLER, Franklin G. et FLETCHER, John C., «The Case for Legalized Euthanasia», dans *Perspectives in Biology and Medicine*, 36,1993, p. 159-176.

28. MILLER, Franklin G. et BRODY, Howard, «Professional Integrity and Physician- Assisted Dead», dans *Hastings Center Report*, 25 (3), mai-juin 1995, p. 8-17.

29. COHEN, H.S., cité dans DE WACHTER, Maurice A. M., «Euthanasia in thee Netherlands», dans *Hastings Center Report*, 22 (2), mars-avril 1992, p. 25.

30. MILES, Steven H., «Physician-Assisted Suicide and the Profession's Gyrocompass», dans *Hastings Center Report*, 25 (3), mai-juin 1995, p. 17-19.

opposées. Aux Pays-Bas, on l'a vu, on pense qu'arrêter un traitement a le même effet que poser un geste qui hâte la mort d'un patient. Dans les deux circonstances, affirme-t-on, la conséquence est identique. Aux États-Unis, un intense débat a lieu à propos de la non pertinence de la distinction. La majorité des éthiciens a, pendant longtemps, soutenu le bien-fondé de la distinction. En effet, l'abstention de traitement n'était pas considérée comme une accélération de la mort. La médecine se retirait et laissait la nature suivre son cours: elle ne causait donc pas la mort. L'expression euthanasie passive ne paraît plus cependant adaptée pour rendre compte de l'idée qu'elle cherche à exprimer: reconnaître la limite du pouvoir de la médecine sur la vie et la mort. On parlera simplement d'interruption de traitement. James Rachels a été le premier à questionner le fondement de la distinction[31] et de nombreux autres auteurs l'ont depuis suivi. Dans les deux cas, soutient-on, la décision est prise en vue de faire advenir la mort. La distinction est une sorte d'hypocrisie. Pour ces motifs différents, la distinction tombe en désuétude.

Jusqu'à maintenant, la société américaine a reconnu la distinction entre le geste de hâter la mort et celui d'interrompre un traitement. En comparaison avec l'Europe, l'abstention, qu'il s'agisse de non-initiation ou d'arrêt de traitement, est largement pratiquée et cela tient à deux raisons. D'une part, les nombreux recours aux tribunaux depuis l'affaire Quinlan en 1976 jusqu'à l'affaire Cruzan en passant par de nombreux autres cas célèbres ont conduit à reconnaître la légitimité de toute forme d'arrêt de traitement lorsque cela est fait selon les normes. D'autre part, la pratique repose sur deux principes, le premier étant l'autonomie du patient et le second la distinction entre moyens ordinaires et moyens extraordinaires. Cette distinction qui, à l'époque moderne, a été mise en avant par le pape Pie XII (1949), a été reprise en 1974 par l'*American Medical Association*[32].

---

31. RACHELS, James, «Active and Passive Euthanasia», dans *The New England Journal of Medicine*, 292 (2), 9 janvier 1975, p. 78-80.

32. PIE XII, «Problèmes médicaux et moraux de la réanimation», dans Patrick VERSPIEREN, dir., *Biologie, médecine et éthique*, Paris, Le Centurion, 1987, p. 368; la prise de position de l'*American Medical Association* a été adoptée à son congrès de 1974 et publiée dans *JAMA*, 227, 1974, p. 728.

Elle permet aux malades, à leurs familles et aux professionnels de la santé de ne pas utiliser tous les moyens techniques disponibles s'ils ne sont pas adaptés à la situation globale du patient. Elle s'est imposée dans la médecine américaine comme étant particulièrement utile pour fonder les décisions d'arrêt de traitement.

J'en viens à ma dernière remarque sur les États-Unis. Même si les sondages montrent une opinion publique largement favorable à une libéralisation des lois sur l'euthanasie, les électeurs se sont néanmoins prononcés contre les deux initiatives populaires qui allaient dans ce sens. On note une inquiétude face à de possibles dérives bien que les citoyens reconnaissent l'absurdité et l'indignité de certaines situations. Le résultat du vote a été quelque peu différent en ce qui concerne l'aide médicale au suicide. À propos d'une certaine inquiétude de la population, il faut ajouter que la majorité des éthiciens professionnels américains restent opposés à l'euthanasie et, dans une moindre mesure, à l'aide médicale au suicide. La raison principale tient à la crainte d'un contrôle presque absolu qu'exercerait la médecine sur la vie et la mort. Les malades se remettraient ainsi entièrement au pouvoir médical, ce qui représente l'inverse du mouvement bioéthique américain.

Le Canada

La délibération à propos de la libéralisation des lois sur l'euthanasie s'est faite autour de trois événements. Deux d'entre eux ont été vécus dans des cours de justice et le troisième est la publication d'un rapport d'un groupe de travail du Sénat canadien. Les trois événements ont eu des retentissements considérables dans le public, en particulier les deux affaires plaidées devant les tribunaux.

La situation canadienne

Avant l'affaire Sue Rodriguez qui allait donner lieu à un large débat de société qui n'est pas près de s'éteindre, l'état du droit canadien était assez simple. Il l'est demeuré après que la Cour suprême a rendu son jugement dans cette affaire, même s'il est devenu clair que la loi est remise en question par un grand nombre de citoyens. Au moment de sa demande, Mme Rodriguez, une mère de famille de 42 ans, est atteinte de sclérose latérale amyotrophique. Son état se détériore rapidement et son espérance de vie se situe entre 2 et 14 mois. Elle demande à la Cour qu'«un médecin qualifié soit autorisé à mettre en place des moyens technologiques qu'elle pourrait utiliser, quand elle perdra la capacité de jouir de la vie, pour se donner elle-même la mort au moment qu'elle choisirait[33]». L'état du droit sur l'euthanasie et l'aide médicale au suicide est assez simple au sens où le Code criminel, qui relève du Parlement fédéral, s'oppose à ce que soit mis fin à la vie d'une personne pour des motifs de compassion. Cette affirmation faite, la situation apparaît beaucoup plus complexe. En effet, il y a les différentes juridictions provinciales qui interviennent dans le débat. On l'a vu, en 1991-1992, avec l'affaire Nancy B. Il y a aussi les diverses interprétations que l'on donne à certains articles du Code. Quelques précisions s'imposent donc, principalement à propos du Code criminel.

Que dit le Code criminel à propos du suicide, de l'aide au suicide, de l'euthanasie et de l'interruption de traitement? Concernant le suicide, le Canada, suite à la Grande-Bretagne, en a décriminalisé la tentative. Cette décision du Parlement a été prise en 1972 et n'a donné lieu qu'à très peu de discussion. Le Parlement canadien ne cherchait pas à favoriser le suicide; il reconnaissait par là que la criminalisation était un moyen inapproprié pour résoudre le problème du suicide. Mais s'il décriminalisait la tentative de suicide, le législateur n'en décriminalisait pas pour autant l'aide. L'article 241 du Code criminel se lit ainsi:

> Est coupable d'un acte criminel et passible d'un emprisonnement maximal de quatorze ans, quiconque, selon le cas
>
> a) conseille à une personne de se donner la mort;
> b) aide ou encourage quelqu'un à se donner la mort, que le suicide s'ensuive ou non[34].

---

33. Cour suprême du Canada, *Rodriguez c. Colombie-Britannique*, 1993, p. 3.

34. Code criminel, article 241.

Quant à l'euthanasie, le Code criminel, à l'article 229, l'assimile à l'homicide; on y retrouve les deux éléments du meurtre: l'homicide coupable et l'intention de donner la mort. La Commission de réforme du droit du Canada avait, il y a plus de dix ans maintenant, étudié la question du caractère criminel de l'euthanasie. Dans son document de travail *Euthanasie, aide au suicide et interruption de traitement*, elle en était venue à la conclusion qu'il ne fallait pas changer cet aspect de la loi: les motifs ne doivent pas entrer en ligne de compte[35]. Cette position est conforme à celle qui prévaut dans l'ensemble des pays qui se rattachent à la tradition de la *Common Law*. Déjà, en 1982, certains pays n'appartenant pas à cette tradition, dont la Hollande et la Suisse, avaient une position quelque peu différente; l'euthanasie reste une infraction criminelle mais est placée dans une catégorie à part. C'est le meurtre par compassion[36].

Si elle n'avait pas cru bon de proposer un changement à la loi sur l'euthanasie, la Commission de réforme du droit avait cependant établi qu'euthanasie et interruption de traitement ne sont pas synonymes. Cette précision s'imposait, car les milieux médicaux interprétaient certains articles du Code criminel comme obligeant à poursuivre des traitements chez des patients même s'ils s'avéraient inefficaces et ne servaient pas les meilleurs intérêts des malades. Deux articles du Code, le second en particulier, conduisaient à interpréter l'interruption de traitement comme de l'euthanasie. Le premier, l'article 216 (article 198 au moment du document de la Commission de réforme du droit), affirmait que «quiconque entreprend d'administrer un traitement chirurgical ou médical à une autre personne ou d'accomplir un autre acte légitime qui peut mettre en danger la vie d'une autre personne est, sauf dans le cas de nécessité, légalement tenu d'apporter, en ce faisant, une connaissance, une habilité et des soins raisonnables». L'article 217 (article 199 dans le document de la Commission de réforme du droit) précisait davantage

---

35. Commission de Réforme du Droit du Canada, *Euthanasie, aide au suicide et interruption de traitement*, Ottawa, Commission de réforme du droit du Canada, 1982.

36. Commission de Réforme, *Euthanasie, aide au suicide et interruption de traitement*, p. 28.

encore: «Quiconque entreprend d'accomplir un acte est légalement tenu de l'accomplir si une omission de le faire met ou peut mettre la vie humaine en danger.»

L'article 217 soulève un certain nombre de difficultés. La première concerne la continuation de traitement déjà initié. La seconde a trait à la non-initiation de traitement. Dans l'affaire Nancy B., dont il a déjà été question, il s'agissait de savoir si le médecin pouvait débrancher le respirateur qui maintenait en vie cette jeune tout à fait lucide et souffrant depuis au moins deux ans du syndrome de Guillain-Barré. Comme le respirateur était déjà en place, la question que posait cet article était de savoir si le fait de débrancher constituait un meurtre. La seconde difficulté tient au fait que, s'il y a obligation de continuer un acte entrepris, il n'y a pas obligation d'entreprendre un traitement. D'où la distinction entre omission de traitement et cessation de traitement. Cette distinction peut avoir des conséquences importantes: mieux vaut ne pas entreprendre une action pour ne pas avoir à l'interrompre.

Un consensus juridique s'est maintenant établi selon lequel il peut être acceptable d'arrêter un traitement déjà commencé. La jurisprudence a d'abord mis en relief le rôle déterminant du malade dans le processus de prise de décision. Ainsi en est-il du jugement Dufour dans l'affaire Nancy B.: le juge a mis l'accent sur l'inviolabilité de la personne. C'est aux patients de décider si les traitements commencés doivent être interrompus. De plus, il est devenu de plus en plus clair que l'interruption de traitement ne doit normalement pas être assimilée à l'euthanasie.

C'est dans ce contexte qu'en 1993 est survenue l'affaire Sue Rodriguez. La Cour suprême du Canada a été appelée à se prononcer sur une demande d'aide médicale au suicide. Le verdict est connu: cinq juges se sont prononcés contre la demande de l'appelante et quatre juges ont été en faveur de la requête de Mme Rodriguez.

Suite à l'affaire Nancy B. et à l'arrêt Sue Rodriguez, le Sénat canadien a créé, le 23 février 1993, un comité spécial chargé «d'examiner, pour faire rapport, les questions juridiques, sociales et éthiques liées à l'euthanasie et à l'aide médicale au suicide». Pendant 14 mois, le Comité a entendu des témoins de toutes les régions du Canada. La participation a été importante, ce qui montre l'intérêt de

Tableau 3
EUTHANASIE

Euthanasie non volontaire
— doit demeurer une infraction criminelle;
— dans le cas où intervient l'élément essentiel de compassion, le code doit imposer une peine moins sévère;
— les éléments essentiels de compassion doivent être clairement et strictement définis.

Euthanasie volontaire
— une majorité recommande que l'euthanasie volontaire demeure une infraction criminelle;
— dans le cas où intervient l'élément essentiel de compassion, le code doit imposer une peine moins sévère;
— une minorité recommande la libéralisation de l'euthanasie volontaire:

Euthanasie involontaire (contre la volonté)
— doit continuer d'être interdite.

Tableau 4
AIDE AU SUICIDE

— ne pas modifier l'alinéa qui interdit de conseiller le suicide;
— une majorité recommande de ne pas modifier la loi qui interdit l'aide au suicide;
— une minorité recommande de modifier la loi qui interdit l'aide au suicide afin de protéger la personne qui en aide une autre à se suicider dans la mesure où elle respecte des mesures de sauvegarde clairement définies.

la question. Si les membres du Comité ont fait consensus sur de nombreuses questions comme les soins palliatifs, les pratiques en matière de traitement de la douleur, l'abstention et l'interruption de traitement, les directives préalables, ils n'ont pas réussi à s'entendre sur l'aide au suicide et l'euthanasie. Le comité était composé de neuf membres. Les deux tableaux de la page suivante résument les recommandations.

Remarques finales

Les discussions ont pendant de longues années porté sur l'interruption de traitement. Celle-ci, en raison de l'article 217 du Code criminel, était interprétée par certaines autorités légales comme un geste de donner la mort. Malgré les travaux de la Commission de réforme du droit du Canada et malgré une ouverture d'esprit qui avait suivi le document de travail de la Commission, certains milieux continuaient à pratiquer l'acharnement thérapeutique en prétextant que la loi ne les autorisait pas à arrêter des traitements déjà commencés. Cette interprétation légaliste conduisait même à ne pas entreprendre des traitements dont le résultat était incertain mais non nécessairement inutile, en raison du fait qu'on ne pourrait pas les arrêter. Les nouveau-nés gravement malformés ou grandement prématurés donnent souvent lieu à des incertitudes de ce type. Il a fallu la décision de la Cour supérieure dans l'affaire Nancy B. pour régler le problème définitivement, d'autant plus que la Cour suprême, dans l'arrêt Rodriguez, a confirmé le bien-fondé de la décision.

Une deuxième remarque concerne l'aide au suicide. L'arrêt Rodriguez porte sur ce thème. Les groupes qui militent en faveur d'une libéralisation de la loi font porter leurs efforts sur l'assistance médicale au suicide qui apparaît plus respectueuse de la liberté de l'individu et plus conforme à la *Charte des droits et libertés* qui est la loi fondamentale du pays. Il faut ajouter ici que tout le débat juridique est fondé sur certains articles de la *Charte des droits et libertés*. La demande de Mme Rodriguez de mettre en cause l'article du Code criminel qui prohibe l'aide au suicide se fondait sur cette *Charte*. En interdisant l'assistance au suicide, la loi priverait Mme Sue Rodriguez de son droit à se suicider lorsque la maladie la rendrait incapable de poser elle-même le geste. La loi devenant ainsi discriminatoire à son égard, la Cour devrait la déclarer inconstitutionnelle.

Une troisième considération concerne le rôle de l'État dans la protection de la vie. Dans l'arrêt Rodriguez, la Cour suprême a fondé son argumentation sur le caractère sacré de la vie. Le juge qui a rédigé l'avis de la majorité soutient que le concept a un sens dans une société séculière. Le caractère sacré de la vie fait partie de la conception fondamentale de notre société. Le magistrat ajoute:

l'interdiction de l'aide au suicide «qui répond à l'objectif du gouvernement de protéger la personne vulnérable, est fondée sur l'intérêt de l'État à la protection de la vie et traduit la politique de l'État suivant laquelle on ne devrait pas dévaloriser la valeur de la vie humaine en permettant d'ôter la vie». C'est pourquoi la loi qui interdit l'assistance au suicide n'a pas une portée excessive. La discussion porte ici sur le rôle de l'État face à la protection de la vie.

Un dernier mot sur les soins palliatifs. Dans les débats qui ont lieu sur la libéralisation des lois sur l'euthanasie et l'aide médicale au suicide, un des arguments de ses détracteurs est l'existence des soins palliatifs. Les juges de la Cour suprême du Canada ont été appelés à les évoquer et la compréhension qu'ils en ont a de quoi surprendre. En effet, tant les juges de la majorité que ceux de la minorité semblent réduire ces soins à l'atténuation de la douleur et de l'inconfort physique. De plus, quand ils mentionnent les soins palliatifs, ils les associent avec l'abrègement considérable de la vie qui serait nécessaire pour atténuer la douleur et la souffrance à l'étape terminale d'une maladie. À partir de ce point de vue, les juges se séparent, la majorité soutenant que cet abrègement est légitime puisque l'intention est de contrôler la douleur, et la minorité affirmant que ce fait montre qu'il n'y pas de distinction entre l'arrêt de traitement et l'euthanasie.

La Suisse

Jusqu'à tout récemment, on pouvait croire que, en Suisse, il n'y avait que trois participants au débat sur l'euthanasie: l'Académie suisse des sciences médicales, EXIT ADMD et les soins palliatifs. Le Code pénal semblait ignoré. Il vient de faire son apparition avec la motion de M. Victor Ruffy transformée en postulat par le Conseil national.

L'Académie suisse des sciences médicales, en particulier sa Commission centrale d'éthique, a joué un rôle déterminant pour fixer les règles de pratique concernant les décisions à prendre dans l'assistance aux mourants. On lui reconnaît un pouvoir réel et une autorité morale de premier plan. Au contraire d'autres pays, la responsabilité de l'Académie a jusqu'ici empêché de donner à ces questions un tour trop juridique. On demeure dans le cadre de normes éthico-juridiques qui accordent beaucoup de flexibilité pour favoriser des évolutions en douceur. Si les premières directives de l'Académie sur l'assistance aux mourants remontent à novembre 1976, elles ont été revisées à quelques reprises, le dernier texte datant de février 1995. Ces directives se nomment «Directives médico-éthiques sur l'accompagnement médical des patients en fin de vie ou souffrant de troubles cérébraux extrêmes[37]».

L'Académie met en relief trois éléments à propos de l'accompagnement des malades en fin de vie. Le médecin est d'abord tenu d'assister le patient en l'aidant, en soulageant sa souffrance et en s'efforçant de préserver sa vie. En deuxième lieu, il doit respecter la volonté du patient capable de discernement qui manifeste le désir de refuser ou d'interrompre un traitement. Le troisième élément concerne le malade incapable de jugement: trois points sont mis en relief. Dans le cas d'un pronostic non clairement établi offrant différentes manières d'agir, le médecin tient compte de la volonté présumée du patient et doit s'appliquer à adopter un comportement qui puisse être approuvé par les proches du patient. Après ces deux points, les Directives ajoutent que lorsque le médecin est en présence d'une déclaration écrite rédigée antérieurement par le patient alors qu'il était encore capable de discernement, celle-ci est déterminante.

L'Association EXIT ADMD a été très active dans le débat sur la gestion de la fin de vie. Deux thèmes principaux ont caractérisé ses premières interventions publiques: reconnaître aux patients la possibilité de mettre un terme à une souffrance sans espoir, ce qui a conduit le groupe à publier le guide de l'«Autodélivrance» et à chercher à donner force de loi au testament biologique. Dans le canton de Zurich, l'ADMD fut l'instigatrice d'une consultation en faveur de la libéralisation de l'euthanasie qui fut remportée à 60%. Les Chambres fédérales optèrent cependant pour le statu quo. Si elle a reconnu avoir mis une sourdine à son premier thème, l'association n'a pas cessé de demander la reconnaissance légale du testament de vie qui

---

37. Commission d'éthique de l'Académie suisse des sciences médicales, «Directives médico-éthiques sur l'accompagnement médical des patients en fin de vie ou souffrant de troubles cérébraux extrêmes», dans *Bulletin des médecins suisses*, 76 (29/30), 26 juillet 1995, p. 1226-1228.

a finalement été reconnu par le Canton de Genève en mars 1996. La Commission de la santé du Grand Conseil à Genève a, suite à diverses demandes et particulièrement celle de l'ADMD, proposé un projet de loi modifiant la loi concernant les rapports des membres des professions de la santé et patients du 6 décembre 1987. Le texte approuvé par le Grand Conseil le 28 mars 1996 se lit ainsi:

> Les directives anticipées rédigées par le patient avant qu'il ne devienne incapable de discernement doivent être respectées par les professionnels de la santé s'ils interviennent dans une situation thérapeutique que le patient avait envisagée dans ses directives[38].

Les responsables des soins palliatifs sont aussi largement présents dans la discussion. Je pense ici à la participation à des débats, à l'organisation de soirées publiques ou à la publication de textes et de la revue *Infokara* à propos du rôle des soins palliatifs dans le contrôle de la douleur et des soins à apporter aux personnes qui vivent des maladies terminales.

Un quatrième acteur, le Code pénal suisse, entre maintenant en scène. Deux articles du présent Code intéressent particulièrement notre question:

Code pénal suisse

> Celui qui, cédant à un motif honorable, notamment à la pitié, aura donné la mort à une personne sur la demande sérieuse et instante de celle-ci sera puni de l'emprisonnement. (Art. 114)

> Celui qui, poussé par un mobile égoïste, aura incité une personne au suicide, ou lui aura prêté assistance en vue du suicide, sera, si le suicide a été consommé ou tenté, puni de la réclusion pour cinq ans au plus ou l'emprisonnement. (Art. 115)

Ce sont ces articles que le conseiller Ruffy demande de réviser. La demande de changement est soutenue par un groupe nommé «À propos». Voici le texte de la proposition d'adjonction d'un article 115 bis au Code pénal suisse:

---

38. Cité dans *Exit*, Vésenaz/Genève, Exit A.D.M.D. Suisse Romande, nᵒ 25, septembre 1996, p. 4.

Proposition d'adjonction au Code pénal suisse

Il n'y a pas de meurtre au sens de l'art. 114, ni assistance au suicide au sens de l'art. 115, lorsque sont *cumulativement* remplies les conditions suivantes:

1. La mort a été donnée à une personne sur demande sérieuse et instante de celle-ci.

2. La personne défunte était atteinte d'une maladie incurable ayant pris un tour irréversible avec un pronostic fatal lui occasionnant une souffrance physique ou psychique intolérable.

3. Deux médecins diplômés et indépendants tant l'un envers l'autre qu'à l'égard du patient ont tous deux préalablement certifié que les conditions fixées au chiffre 2 sont remplies.

4. L'autorité médicale compétente s'est assurée que le patient a été convenablement renseigné, qu'il est capable de discernement et qu'il a réitéré sa demande.

5. L'assistance au décès doit être pratiquée par un médecin titulaire du diplôme fédéral que le demandeur aura choisi lui-même parmi ses médecins.

Remarques finales

La question du testament de vie a pris une large place dans la discussion publique en Suisse. Depuis plus de dix ans maintenant, à Genève entre autres, on a consacré beaucoup de temps à débattre du bien-fondé de cet instrument, pourtant déjà reconnu par l'Académie suisse des sciences médicales. Cependant, le débat reste ouvert. Les procès-verbaux de la discussion du 22 juin 1995 au Grand Conseil à Genève montrent que la mesure que ce dernier acceptera en mars suivant ne suscite guère d'enthousiasme. Il est étonnant que, dans la discussion à propos de ce testament de vie, aucune étude américaine à propos de l'efficacité de la mesure n'ait été citée. On ne semble pas connaître non plus les nouvelles directions qui, dans d'autres juridictions, sont proposées ou prises pour résoudre les difficultés pratiques que pose le testament biologique. Seule une étude du professeur Guillod publiée en 1991 mentionne une autre voie que celle du testament, soit celle de l'agent médical[39]. Au Québec, cette voie est nommée «mandat» et aux États-Unis «durable power of attorney». Un deuxième élément me frappe. Le Code pénal suisse, dans les articles 114 et 115, en se référant à «celui qui» plutôt qu'au médecin, semble vouloir nier l'existence même de l'aide *médicale* au suicide. De plus, il faut remarquer que l'aide au suicide n'est pas condamnée. Comme le note Ursula Cassani, les principes du Code ont été élaborés à la fin du XIXe siècle, «époque à laquelle les techniques médicales permettant de prolonger artificiellement la vie du patient et d'exercer par là une certaine maîtrise sur l'échéance de la mort étaient encore inconnues[40]».

Ma troisième remarque s'inspire directement de la deuxième. Le Code ne place pas le professionnel de la santé dans une catégorie à part. Ce fait pourrait s'expliquer par une crainte de légiférer trop catégoriquement dans un domaine aussi sensible que celui de la fin de vie. Lors de la révision des articles 114 et 115 en 1985, il avait été question de légiférer sur l'euthanasie, plus spécifiquement sur l'euthanasie passive. Il a été décidé de ne pas le faire puisque chaque cas est un cas d'espèce et qu'il est difficile d'élaborer une norme générale qui soit satisfaisante[41]. On a senti la même réticence à la réunion du Grand Conseil à Genève lors de la discussion sur le testament de vie: «il n'est pas possible de légiférer jusqu'au bout dans un domaine aussi sensible», lit-on dans les procès-verbaux. On préfère s'en remettre à l'Académie suisse des sciences médicales, les milieux de la médecine étant plus aptes que les politiques à élaborer des lignes directrices adaptées à la réalité changeante et aux circonstances particulières. Mais l'Académie est-elle représentative des différentes sensibilités professionnelles? Quelle place, par exemple, reconnaît-on aux infirmières? Comment un regroupement médical peut-il témoigner des diverses valeurs sociales et culturelles qui composent l'ethos d'un pays?

---

39. GUILLOD, Olivier, «L'agent médical: une solution nouvelle à un vieux problème?», dans *Gérontologie*, 4, 1991, p. 43-48.

40. CASSANI, Ursula, «Euthanasie et droit pénal», dans *Médecine et Hygiène*, 52, n° 2045, 2 novembre 1994, p. 2276.

41. «Message concernant la modification du code pénal et du code pénal militaire», dans *Feuille fédérale*, vol. II, 137e année, 1985, p. 1037-1038.

Conclusion

La présentation de la situation des Pays-Bas, des États-Unis, du Canada et de la Suisse laisse apparaître un débat commun: comment permettre aux malades d'être respectés dans l'expérience douloureuse et souffrante qu'est la maladie terminale. Pour sortir de ce qui paraît être un cul-de-sac, une tendance se dessine: libéraliser les pratiques d'euthanasie et d'aide médicale au suicide. Il est cependant remarquable de noter que les modes d'action proposés pour répondre aux difficultés posées prennent des formes différentes selon les juridictions. Cela témoigne d'une diversité culturelle intéressante. Il est important d'en prendre note pour ne pas imposer des solutions qui ne correspondraient pas aux sensibilités des populations.

MÉDECINE ET EUTHANASIE

Le deuxième chapitre sera consacré à cerner la relation entre médecine et euthanasie. La méthode consistera à laisser, en quelque sorte, parler la médecine pour tenter de comprendre la place qu'elle accorde à l'euthanasie. Au cours des dernières années, le discours médical sur le rôle de la médecine à l'égard des personnes en fin de vie a considérablement évolué. De plus en plus de médecins affirment que l'euthanasie peut, en certaines circonstances, s'imposer comme la solution la plus humaine. Cette constatation est à l'origine de la question qui préside à la rédaction de ce chapitre: admettant que le respect de la vie humaine demeure le fondement de la médecine, le changement d'orientation du discours médical est-il de fond ou de forme? Après avoir situé la question, je décrirai le discours médical contemporain sur la fin de vie. De là, seront présentés les arguments médicaux en faveur de l'euthanasie et de l'aide médicale au suicide. Enfin, les arguments médicaux qui leur sont opposés seront analysés.

Les fondements du discours médical sur la fin de vie

Le consensus qui s'était établi contre l'euthanasie après la Seconde Guerre mondiale paraissait jusqu'à récemment presque sans faille. Il se dilue présentement en diverses positions: euthanasie volontaire, assistance médicale au suicide, euthanasie pour la personne qui n'a pas de qualité de vie, etc. Si l'accord concernant les pratiques admises à l'égard des personnes qui sont sévèrement et douloureusement atteintes par la maladie s'est affaibli, un débat ne pouvait que s'ensuivre concernant le fondement des diverses positions. En acceptant l'euthanasie, respecte-t-on encore la vie humaine? Les opposants à l'euthanasie répondent non. Ceux qui y sont favorables donnent une réponse affirmative; c'est, disent-ils, l'interprétation du respect de la vie qui a évolué en raison des circonstances.

La première interprétation fonde le respect de la vie humaine sur son caractère sacré[42]. Si l'origine de cette vision est nettement religieuse, de nombreux auteurs affirment aujourd'hui son caractère laïque. Ainsi en est-il du juge Sopinka qui a fondé le jugement majoritaire de la Cour suprême du Canada dans l'affaire Rodriguez sur cette affirmation. Sa reconnaissance se trouve aussi chez Ronald Dworkin, juriste anglo-américain qui est l'auteur d'un volume qui fait autorité, *Life's Dominion*[43]. La position du biologiste français Jean Rostand était semblable. Il se disait *vitaliste*, au sens où la vie doit être respectée absolument parce qu'elle a une valeur en elle-même. Le caractère sacré de la vie fait qu'elle doit être protégée contre toute atteinte qui risquerait de lui mettre un terme.

La seconde interprétation met l'accent sur la qualité de la vie[44]. Cette thématique est résolument moderne: elle est née dans la mouvance de la Renaissance où l'être humain commence à se percevoir comme maître et possesseur de la nature. La science rend possible la transformation des conditions d'existence et, en conséquence, rend la vie meilleure. En même temps, se développe la conscience que l'individu a le droit d'être respecté dans ses croyances et valeurs personnelles. La personne décide de ce qui est bon pour elle. Prolonger une vie qui deviendrait invivable en raison des souffrances insupportables ne serait pas respecter sa qualité. Les tenants de cette option font valoir que la distinction entre moyens ordinaires et extraordinaires qui permet de s'abstenir de traiter sert à cacher un jugement de qualité de la vie[45]. Respecter la vie humaine, c'est respecter sa qua-

---

42. Le chapitre 3 analysera plus en profondeur le principe du caractère sacré de la vie.

43. DWORKIN, Ronald, *Life's Dominion*, New York, Vintage Books, 1994, 273 p.

44. Le chapitre 4 traitera du thème de la qualité de la vie.

45. KUSHE, Helga, *The Sanctity-of-Life Doctrine in Medicine: A Critique*, Oxford, Clarendon Press, 1987, p. 174-180.

lité. Le questionnement de fond étant ainsi situé, il sera maintenant question du premier point, celui du discours médical sur la fin de vie.

Le discours médical contemporain sur la fin de vie

Comme le montrent les réponses à la question d'introduction, le monde médical est divisé à propos de l'euthanasie et sur ce qui en fonde l'acceptabilité. Derrière les différences de positions se profile cependant un discours largement commun qui est celui de la médecine contemporaine sur la fin de vie. C'est ce que je voudrais maintenant dégager.

Le consensus médical à propos de l'euthanasie a commencé à s'éroder à des périodes différentes selon les pays. Ainsi 1973 est, comme nous l'avons déjà vu, une date déterminante pour les Pays-Bas. On parle de 1988, l'année de la publication de «It's Over, Debbie», pour les États-Unis[46]. Un rapport de l'Association médicale canadienne mentionne 1990[47]. Il est clair qu'au tout début des années 1980, la plupart des groupes médicaux, du moins en Amérique, s'entendaient pour affirmer que le rôle de la médecine consistait à prolonger la vie le plus longtemps possible. L'exemple du fameux cas Karen Ann Quinlan (1976) dont les médecins ne se sentaient pas autorisés à débrancher le respirateur en témoigne éloquemment. Depuis lors, des événements et des débats à l'intérieur de la communauté médicale ont conduit à des changements de perspectives. La plupart des articles tirés des revues médicales, même lorsqu'ils contiennent des opinions opposées à l'euthanasie, reconnaissent cette profonde transformation. Aujourd'hui, il est reconnu que la médecine ne doit pas prolonger la vie à tout prix.

---

46. Anonyme, «It's Over, Debbie», dans *JAMA*, 259(2), 8 janvier 1988, p. 272.

47. LOWY, Frederick H., SAWYER, Douglas M. et WILLIAMS, John R., *Les médecins canadiens et l'euthanasie*, Ottawa, Association médicale canadienne, 1993, p. 3.

L'abstention de traitement dans le discours médical

Deux voies fort différentes témoignent de ce changement: c'est le premier élément qui sera développé dans cette section consacrée au discours médical contemporain sur la fin de vie. D'une part, l'éthique et le droit ont imposé à la médecine l'interruption de traitement et, d'autre part, la médecine en est venue à affirmer la *futility of treatment,* rendant ainsi inacceptables des gestes thérapeutiques inefficaces.

À de multiples reprises depuis 1976, environ 80 fois en fait, les tribunaux américains ont ordonné aux autorités médicales et hospitalières de cesser les traitements parce que ceux-ci ne servaient pas l'intérêt des malades ou que les patients les refusaient. Suite à ces arrêts et aux débats qu'ils suscitaient, les gouvernements, les institutions hospitalières ou les associations médicales ont établi des politiques qui reconnaissent la validité de l'abstention de traitement. Ainsi en est-il du testament de vie, des directives anticipées, du *Patient Self-Determination Act* ou des politiques institutionnelles concernant la non-réanimation. Même si, en d'autres pays, les litiges ne se règlent pas par le recours aux tribunaux, rien ne laisse supposer un moindre acharnement de la part de la profession médicale. La mise sur pied d'associations comme EXIT ADMD, les directives comme celles de l'Académie suisse des sciences médicales sur l'accompagnement médical des patients en fin de vie, la reconnaissance légale du mandat au Québec, les campagnes pour faire reconnaître le testament biologique ou l'apparition dans la langue française d'une expression comme celle d'acharnement thérapeutique, sans équivalent en anglais, le démontrent largement. Ainsi le droit et les pressions publiques, et non la médecine, en sont venus à confirmer ce que l'éthique théologique affirmait depuis longtemps: il est moral d'arrêter des gestes médicaux qui sont disproportionnés avec la situation du patient.

L'autre élément qui rend compte du changement de perspective est la prise de conscience de la *futility of treatment.* Ce thème, moins connu que le premier, mérite de retenir davantage l'attention. Un article du *New England Journal of Medicine* du 4 juin 1992 commençait de la manière suivante: «"Futility" est l'une des dernières additions au vocabulaire de la bioéthique[48].» Un article du *Lancet* du 23 mars 1996 proposait de soumettre au Parlement britannique un projet de loi sur la *medical futility*. Lorsque un patient est dans un état végétatif permanent il ne serait pas interdit, à certaines conditions, d'arrêter les traitements, y compris la ventilation assistée et la nutrition artificielle. Ce projet de loi a pour titre *Medical Futility Bill*[49]. C'est dire l'importance que revêt présentement ce thème. Le mot anglais *futility* n'a pas le même sens que le concept français de futilité. *Futility* renvoie à l'idée d'inefficacité, d'inutilité, alors que l'adjectif futile a plutôt le sens de léger, frivole ou superficiel. En introduisant ce concept à la fin des années 1980, les médecins reconnaissaient eux-mêmes la limite des actions thérapeutiques dans certaines circonstances.

Quelques exemples peuvent aider à mieux cerner le sens du concept pour les médecins. Des parents demandent parfois pour leur fils ou leur fille lourdement handicapé des interventions médicales ou chirurgicales qui n'ont aucune chance d'améliorer la condition de l'enfant. Des médecins s'opposeront à ce type de demandes en raison de l'inutilité de l'intervention. Autre exemple, celui de la réanimation cardiorespiratoire chez des personnes âgées atteintes de nombreuses maladies chroniques. Il a été démontré que la réanimation est dans ce cas inefficace[50] et qu'elle est déviée de son sens premier. Au départ, l'objectif était de réanimer une personne qui faisait un arrêt cardiaque soudain et dont l'état général était par ailleurs assez bon pour qu'elle puisse s'en remettre. Maintenant, il n'en va souvent plus ainsi. Que faire lorsque le patient, ou sa famille, demande une réanimation que l'on juge inutile? Est-ce un bon usage de la médecine?

Comme dernier exemple, voyons la situation d'un malade qui serait en état végétatif permanent et qui pour survivre est dépendant d'une ventilation assistée. C'est l'histoire d'Helga Wanglie, âgée de

---

48. TRUOG, Robert D., BRETT, Allan S. et FRADER, Joel, «The Problem with Futility», dans *The New England Journal of Medicine*, 326(23), 4 juin 1992, p. 1560.

49. MASON, J.K., «Euthanasia by Stages», dans *The Lancet*, 347, 23 mars 1996, p. 810-811.

50. DURAND, Guy et SAINT-ARNAUD, Jocelyne, *La réanimation cardio-respiratoire au Québec*, Montréal, Fides, 1990, p. 28, 33 et 36.

86 ans, qui était dans cet état depuis plus d'un an lorsque les médecins ont demandé à son mari d'autoriser l'interruption du traitement
devenu inutile. M. Wanglie refusa en répondant que le bon Dieu
viendrait chercher sa femme quand ce serait son heure. Les médecins
n'ont-ils pas le devoir d'arrêter les traitements lorsqu'ils ne servent
pas les meilleurs intérêts du patient[51]?

Si l'abstention de traitement a principalement été revendiquée
par les malades et leurs proches s'opposant à ce qu'ils considéraient
être de l'acharnement thérapeutique, le thème de l'inutilité des traitements trouve son origine dans l'expérience actuelle de beaucoup de
médecins qui considèrent que le droit à l'autonomie est faussement
interprété lorsqu'il en vient à signifier le droit de décider du traitement que le patient veut recevoir. Les deux thèmes ont en commun
de faire ressortir qu'il est maintenant tout à fait admissible d'arrêter
les traitements; cela s'impose même si le patient l'exige ou si le
traitement est lui-même inefficace. La médecine n'a pas à prolonger
la vie à tout prix: affirmée d'abord par l'éthique, puis imposée par le
droit et les décisions gouvernementales, cette position est aujour-
d'hui adoptée par la médecine.

La compassion dans le discours médical

La compassion est le deuxième point qui sera abordé dans cette
section consacrée au discours médical contemporain sur la fin de vie.
À partir des années 1990, il n'est plus acceptable de prolonger la vie
à tout prix. Il faut reconnaître que l'évolution des mentalités a été
extrêmement rapide. Comme l'ont noté en mars 1989 douze médecins provenant de divers hôpitaux universitaires américains presti-
gieux, «quelques-unes des pratiques à propos des soins à offrir à la
personne mourante qui, il y a encore cinq ans, étaient controversées
sont aujourd'hui acceptées et font partie de la routine[52]». Les publi-

---

51. TRUOG, BRETT et FRADER, dans *The New England Journal of Medicine*,
p. 1560-1564.

52. WANZER, Sidney H., *et al.*, «The Physician's Responsibility toward
Hopelessly Ill Patients A Second Look», dans *The New England Journal of Medicine*, 320 (13), 30 mars 1989, p. 844.

cations médicales utilisent une nouvelle terminologie qui, il y a quelques années à peine, leur était inconnue: qualité de la vie, souffrances insupportables, contrôle de la douleur, mort dans la dignité, compassion pour le malade souffrant, respect du patient, etc. Si la dimension qualitative fait maintenant partie des éléments à considérer dans la prise de décision, on peut se demander le sens que ces mots nouveaux prennent dans la pratique. Malgré les questions que chacun peut se poser à ce propos, le changement de vocabulaire témoigne de préoccupations nouvelles qui semblaient jusqu'ici inconnues du monde médical.

Cette préoccupation s'est exprimée depuis les années 1970 par les soins palliatifs qui ont permis de diriger l'attention des soignants sur la globalité de la personne qui va mourir grâce à l'attention qu'ils portent d'abord au contrôle de la douleur et aussi aux différents besoins de la personne mourante. L'éthique de compassion et de sollicitude est au cœur de la philosophie des soins palliatifs. Cecily Saunders, en créant les soins palliatifs, ne voyait pas la mort comme une ennemie à combattre mais la reconnaissait comme une étape naturelle du voyage de la vie. S'opposer par tous les moyens à la mort d'un malade ou hâter son départ sont deux principes contraires à la philosophie qui a donné naissance aux soins palliatifs.

Même si ces soins expriment une nouvelle approche de la médecine, je ne suis pas assuré qu'ils ont eu jusqu'à maintenant une influence considérable sur la pratique de la médecine de pointe puisque l'euthanasie s'impose à de nombreux acteurs de la médecine actuelle. Même s'il n'est plus question de prolonger la vie à tout prix, le rôle de la médecine demeure le même: combattre la maladie de la manière la plus agressive et efficace possible. Le personnel médical et soignant dans les secteurs des soins intensifs se compare parfois à des gladiateurs se battant contre la maladie[53]. La lutte contre la maladie est toujours pensée en termes de combats à finir: le cancer est l'ennemi à abattre, il faut faire la guerre au virus du sida, etc. Récemment, un article du *New England Journal of Medicine* affirmait que les sidéens traités par des spécialistes du sida qui avaient

---

53. PASCALEV, Assya, «Images of Death and Dying in the Intensive Care Unit», dans *Journal of Medical Humanities*, 17 (4), 1996, p. 221-224.

une plus large expérience vivaient plus longtemps que ceux traités par des médecins dont la pratique était limitée[54]. L'auteur ne disait rien cependant des vies de ces personnes lorsqu'elles sont ainsi prolongées. La médecine a permis des avancées et des victoires importantes dont il faut se réjouir mais ces progrès amènent aussi des malades à devoir vivre une vie de souffrances tant les exigences du traitement peuvent être difficiles à supporter. Le cancer, entre autres, est devenu une maladie chronique, de même que le sida ou la sclérose latérale amyotrophique. Après des luttes épuisantes, des rémissions et des rechutes, le malade doit un jour s'avouer vaincu et le médecin annonce qu'il n'y a plus rien à faire.

Que seront alors les derniers jours, les dernières semaines ou même les derniers mois de ces personnes épuisées par la lutte et de plus en plus impuissantes? La situation des malades atteints du sida est éclairante. Au début de l'épidémie, dans les années 1980, les malades mouraient rapidement. Depuis les extraordinaires avancées de la médecine, la lutte contre le sida a fait des pas de géant. Les traitements ont permis une véritable révolution mais les personnes atteintes vivent une situation de malades chroniques. Leur vie est prolongée mais elles sont dans un état d'affaiblissement continu et sont confrontées à l'expérience progressive de leur déchéance alors qu'elles sont la plupart du temps à l'âge de vie active. On peut comprendre que surgisse l'idée de l'euthanasie ou du suicide assisté comme réponse à cette situation. Une récente étude néerlandaise confirme ce point de vue[55]. Cet autre exemple peut aussi aider à saisir ce que vivent certains malades atteints du cancer:

Mme F., soixante-deux ans, souffre d'un cancer du sein. Des métastases osseuses lombaires ont récemment été découvertes. Si douloureuses ces métastases, qu'elle en est presque totalement handicapée. Dès la première rencontre avec le spécialiste du contrôle de la douleur, elle

---

54. VOLBERDING, Paul A., «Improving the Outcomes of Care for Patients with Human Immunodeficiency Virus Infection», dans *The New England Journal of Medicine*, 334(11), 14 mars 1996, p. 729-731.

55. BINDEL, Patrick J. E. *et al.*, «Euthanasia and Physician-Assisted Suicide in Homosexual Men with AIDS», dans *The Lancet*, 347, 24 février 1996, p. 499-504.

demande une piqûre pour en finir. Cette demande ne sera plus répétée au cours des mois suivants, puisque, grâce à un travail continu du médecin, des autres membres de l'équipe et de sa famille, Mme F. vit pratiquement sans douleur. La maladie cependant progresse et la malade se sent de plus en plus faible. Un matin, elle dit au médecin:

«Docteur, quand on est trop faible pour tenir un verre en styrofoam à moitié plein d'eau, sans l'échapper, [...], quand parler est un effort, ce n'est pas cela la vie [...]

— C'est si lourd que ça à porter [...]?

— Pour moi, oui, docteur. Ce n'est pas la douleur, votre équipe y a bien vu et vous savez combien reconnaissante je vous suis. C'est la vie, c'est la dignité. Sans un minimum d'autonomie, il n'y a pas de dignité et sans dignité, il n'y a pas de vie[56].»

Ces exemples illustrent certaines conséquences des progrès de la médecine. Dans les circonstances où il n'y a plus de traitement curatif à offrir et où la souffrance rend la vie insupportable, ne serait-il pas plus humain que la personne soit aidée à mettre un terme à sa vie? Quand les traitements deviennent inutiles, pourquoi ne pas agir de manière à favoriser une fin humaine? Pourquoi le médecin ferait-il souffrir davantage quand il peut se montrer compatissant? N'y a-t-il pas là un devoir d'humanité?

La reconnaissance de l'abstention de traitement a ainsi posé le problème de la tâche de la médecine dans ces circonstances. Le thème de la compassion s'est imposé et est devenu une composante du discours médical contemporain. Lorsque l'échec des traitements curatifs est reconnu, la tâche de la médecine est d'être humanitaire. C'est dans ce contexte que l'euthanasie et l'aide médicale au suicide sont aujourd'hui proposées comme des réponses médicales respectueuses de la souffrance des patients. On pourrait même ajouter, au risque de paraître cynique, que la médecine scientifique devient enfin sensible à la souffrance!

---

56 BOISVERT, Marcel, «Une histoire vraie», dans *Frontières*, 3, printemps 1990, p. 11-12.

Lien naturel entre médecine moderne et euthanasie

S'il est vrai que les termes du débat tels qu'ils se présentent maintenant paraissent neufs puisqu'ils découlent des développements de la médecine contemporaine, ils sont cependant en germe depuis fort longtemps. La médecine moderne ne pouvait pas ne pas être confrontée à la question. En effet, la position en faveur de l'euthanasie et de l'aide médicale au suicide n'est pas née d'une mauvaise utilisation de la science et de la technologie médicales, elle est née de l'esprit même, c'est-à-dire de la nature de la médecine moderne. En ce sens, j'oserais affirmer que la biomédecine entretient un lien naturel avec l'euthanasie. Un regard historique fait voir que la médecine moderne était, dès son origine même, subordonnée à l'euthanasie. Ce sont des accidents de l'histoire qui en ont retardé la manifestation.

Le point de départ de la médecine moderne réside dans l'humanisme européen qui se développe à la Renaissance. Rappelons ici Descartes qui invitait l'homme à se faire maître et possesseur de la nature. C'est le thème central de la modernité et de l'humanisme. Un texte de Jean Pic de la Mirandole décrit bien la dynamique qui préside à la naissance des temps modernes. Dieu parle à l'homme et lui dit:

> La nature des autres êtres est déterminée par nos lois qui lui fixent ses bornes. Toi, par contre, tu ne te heurteras à aucune limite infranchissable, mais tu détermineras toi-même, en raison de ton libre-vouloir, en la main duquel nous avons placé ton destin, ta propre nature[57].

Au plan médical, cette philosophie sera exprimée par Francis Bacon dans le *Nouvel Organum* ou *De la Dignité de l'accroissement des sciences*. Le fondement de la philosophie de Francis Bacon (1560-1626), du moins dans sa grande œuvre *Nouvel Organum*, est que «le siècle est arrivé qui doit mettre un terme à une "erreur infinie" et donner naissance au monde nouveau. [...] Le *Nouvel Organum* apporte aux hommes les instruments du grand parcours à travers le monde. Son temps annonce l'ère nouvelle qui verra s'éten-

---

57. SCHILLEBEECKX, Edward, *L'histoire des hommes, récit de Dieu*, Paris, Cerf, 1992, p. 27.

dre la connaissance et le règne de l'homme dans la Nature[58].» Sa philosophie médicale est habitée par une forte tendance eugénique: «améliorer l'état des populations en étudiant leurs besoins avec méthode, afin de réaliser une politique guidée par la science et la raison. Son utopie de la *Nouvelle Atlantide* dépeint une société idéale, organisée suivant ces principes[59].»

Pour un moderne comme Bacon, la science nouvelle devait permettre de faire vivre hommes et femmes en bonne santé jusqu'à un âge avancé. La médecine, en combattant ses faiblesses, allait diminuer la fréquence des maladies incurables. Le thème de la prolongation jusqu'à un âge extrêmement avancé est au cœur du mythe du progrès comme l'a montré Gerald Gruman[60]: lorsque la médecine ne pourra plus rien en raison de l'âge et des souffrances, il sera alors normal de pratiquer l'euthanasie. Le mot est utilisé pour la première fois en 1605. Si l'étymologie est grecque, le concept est moderne:

> Je dirai de plus, en insistant sur ce sujet, que l'office du médecin n'est pas seulement de rétablir la santé, mais aussi d'adoucir les douleurs et les souffrances attachées aux maladies, et cela non seulement en tant que cet adoucissement de la douleur considérée comme symptôme périlleux contribue et conduit à la convalescence, mais encore afin de procurer au malade, lorsqu'il n'y a plus d'espérance, une mort douce et paisible[61].

La position de Bacon est-elle totalement innovatrice? Non. L'humaniste célèbre qu'est Thomas More (1478-1534) avait précédé Bacon de près d'un siècle. Comme lui, il rêve d'un monde parfait, même si la science n'y joue pas le même rôle. Sur la souffrance et

---

58. MALHERBE, Michel, «Introduction» à Francis BACON, *Nouvel Organum*, introduction et notes par Michel Malherbe et Jean-Marie Pousseur, Paris, Cerf, 1986, p. 7.

59. SUTER, Jean, *L'eugénique*, Travaux et Documents Cahier nº II, Paris, Presses Universitaires de France, 1950, p. 15.

60. GRUMAN, Gerald, *History of Ideas about the Prolongation of Life*, New York, Arno Press, 1977, p. 75.

61. BACON, Francis, *De la dignité et de l'accroissement des sciences*, Livre IV, chap. 11, *Œuvres du chancelier Bacon*, Paris, A. Desrez, 1836, p. 113.

la mort, il est proche de Bacon, bien qu'il ne connaisse pas encore le mot euthanasie. Voici ce qu'il écrit dans *Utopia*:

> Ils soignent les malades avec la plus grande sollicitude et ne négligent rien qui puisse contribuer à leur guérison, ni en fait de remède, ni en fait de régime. Si quelqu'un est atteint d'une maladie incurable, ils cherchent à lui rendre la vie tolérable en l'assistant, en l'encourageant, en recourant à tous les médicaments capables d'adoucir ses souffrances. Mais lorsque à un mal sans espoir s'ajoutent des tortures perpétuelles, les prêtres et les magistrats viennent trouver le patient et lui exposent qu'il ne peut plus s'acquitter d'aucune des tâches de la vie, qu'il est à charge à lui-même et aux autres, qu'il survit à sa propre mort, qu'il n'est pas sage de nourrir plus longtemps le mal qui le dévore, qu'il ne doit pas reculer devant la mort puisque l'existence lui est un supplice, qu'une ferme espérance l'autorise à s'évader d'une telle vie comme d'un fléau ou bien à permettre aux autres de l'en délivrer; que c'est agir sagement que de mettre fin par la mort à ce qui a cessé d'être un bien pour devenir un mal[62].

Après Bacon, un autre philosophe anglais prit la même direction. David Hume (1711-1776) soutenait que si l'on pouvait prolonger la vie, il fallait en conclure qu'il était aussi possible d'y mettre un terme. Au cours du XIXe siècle, l'idée d'euthanasie semble abandonnée. Le remarquable essor des sciences biologiques, la lutte contre la mortalité maternelle et infantile, les grandes découvertes médicales, la transformation de la médecine avec la biologie qui commence à entrer à l'hôpital et le corps médical qui devient une profession puissante et structurée font que l'idée de progrès et de vie triomphe. La souffrance est considérée comme une valeur: il y a un stoïcisme tant laïque que chrétien. Vers la fin du XIXe siècle, Nietzsche (1844-1900) remet le thème de l'euthanasie à l'honneur.

Avec le début du XXe siècle prend forme une tout autre approche. Quelques points intéressants méritent d'être signalés. Un premier élément à mentionner concerne les lois votées par deux États américains en 1905 et 1906. Le Congrès de l'État de l'Ohio vota d'abord une loi «qui permettait de faire mourir sur proposition d'une commission spécialisée "toute personne atteinte d'une maladie incu-

---

62. MORE, Thomas, *Le traité de la meilleure forme de gouvernement, ou l'Utopie*, Bruxelles, Renaissance du livre, 1966, p. 109.

rable accompagnée de grandes douleurs», puis celui de l'Iowa emboîta le pas «en permettant d'enlever la vie aux graves handicapés physiques et mentaux[63]».

Cette époque connaît un fort mouvement eugénique qui prend forme dans les pays anglo-saxons à la fin du XIXe siècle et au début du XXe. Il exercera une énorme influence dans les milieux scientifiques allemands. La France sera aussi marquée par l'eugénisme mais d'une manière quelque peu différente[64]. Alexis Carrel (1873-1944), titulaire du prix Nobel de médecine en 1912 pour ses travaux sur la culture des tissus et grand humaniste de la première moitié du XXe siècle, a été une figure de proue du mouvement eugénique. Son livre L'homme, cet inconnu vulgarisa les préceptes du mouvement dont le but est de protéger et de promouvoir la qualité de la vie dans la société et fut traduit en vingt langues.

Le deuxième point à mentionner à propos de notre siècle concerne les années 1920 et 1930. Un bon nombre de médecins de l'Allemagne pré-nazie, de Grande-Bretagne et des États-Unis ont marqué leur grand intérêt pour l'euthanasie. Eugénisme et euthanasie s'allient au service d'une même cause, la qualité de la vie. Grâce aux progrès de la raison scientifique, il est désormais possible d'agir de manière à éviter des vies de souffrances indignes des êtres humains[65]. Les études historiques qui sont actuellement publiées sur la gestion de la mort dans l'Allemagne de l'entre-deux-guerres font voir que toute une partie du corps médical favorisait l'euthanasie en vue de libérer les vies indignes d'être vécues[66]. Hitler n'est pas le créateur de l'euthanasie en Allemagne mais a trouvé un terrain fertile dans la communauté médicale.

---

63. SARDA, François, Le droit de vivre et le droit de mourir, Paris, Seuil, 1975, p. 151.

64. SUTER, L'eugénique, 253 p.

65. CAPLAN, Arthur L., «Telling It Like It Was» , dans Hastings Center Report, 20 (2), mars-avril 1990, p. 47-48.

66. MISBIN, Robert I., «Physicians' Aid in Dying», dans MORENO, Jonathan, ed., Arguing Euthanasia, New York, Simon & Schuster, 1995, p. 126 (article reproduit de The New England Journal of Medicine, 325,1991, p. 1307-1311); BURLEIGH, Michael, Death and Delivrance. Euthanasia in Germany 1900-1945, Cambridge, Cambridge University Press, 1994, 382 p.

En troisième lieu, quelques mots sur l'Allemagne nazie, l'euthanasie ayant occupé une place considérable dans les pratiques du régime. S'il faut reconnaître que l'euthanasie ne conduit pas de soi au nazisme, il faut aussitôt ajouter qu'en Allemagne la médecine a été de connivence avec le régime et, sur ce point, l'avait même précédé. De plus, les atrocités nazies ont, depuis la fin de la guerre, habité la conscience médicale occidentale. Pendant près de 50 ans, elles ont servi à contrer l'implantation de politiques libéralisant l'euthanasie. L'argument de la pente glissante a, en quelque sorte, servi de repoussoir. Il me semble que la crainte des atrocités nazies s'estompe, malgré le fait qu'en 1995 nous avons rappelé les camps de concentration et le souvenir des épreuves terribles que l'histoire a infligées à notre siècle. Nous sommes de retour à la case d'avant le nazisme.

Le quatrième point à mentionner concerne les soins palliatifs. Malgré leur travail remarquable, contrôle de la douleur, traitement des symptômes, attention à toute la personne, les soins palliatifs n'arrivent pas à convaincre la société que leur approche rend non nécessaires l'euthanasie et l'aide médicale au suicide. Les juges de la Cour suprême du Canada ne sont pas les seuls à réduire ces soins au contrôle de la douleur. Les autres dimensions caractéristiques de ces soins ne semblent pas toucher les esprits contemporains. Ne veut-on pas les voir? Est-on incapable de les voir? De plus, on commence à voir surgir, dans le champ même des soins palliatifs, des prises de position en faveur de l'euthanasie volontaire ou de l'aide médicale au suicide. Ces dernières actions deviendraient ainsi un complément aux soins palliatifs lorsque ceux-ci n'ont pas les effets médicaux espérés. Les soins palliatifs perdent ainsi leur caractère d'exception à l'intérieur de la médecine. Ils entrent dans le rang. D'une médecine centrée sur les besoins d'une personne qui doit apprivoiser la mort, ils deviennent un savoir qui contrôle la douleur et soutient, dans la mesure du possible, une personne confrontée à la mort.

Voilà quelques éléments qui témoignent du lien que j'ose qualifier de naturel entre l'euthanasie et la médecine moderne[67].

---

67. Voir à ce propos l'hypothèse intéressante de THÉVOZ, Jean-Marie, «L'euthanasie, un produit dérivé de la médecine», dans *Médecine et Hygiène*, 52, nº 2029, 8 juin 1994, p. 1377- 1378.

Les arguments médicaux en faveur
de l'euthanasie et de l'aide médicale au suicide

Le titre de cette section place sous la même enseigne euthanasie et aide médicale au suicide. Dans les milieux médicaux un débat animé a lieu à ce propos. Les uns y voient une distinction importante: le fait que le patient pose lui-même le geste ferait la différence entre suicide assisté et euthanasie volontaire. Le médecin respecterait davantage l'autonomie du patient. D'autres soutiennent que, dans les deux cas, le médecin est responsable du geste posé. Sa participation est déterminante tant en raison de sa relation particulière avec le malade que du fait que c'est lui qui rend possibles les conditions de l'opération. Le but de l'action est le même dans les deux cas, seule diffère la modalité. Les Néerlandais refusent la distinction alors que beaucoup d'Américains y attachent une grande importance.

Au cœur de l'argumentation médicale en faveur de l'euthanasie et de l'aide médicale au suicide se trouve une autre distinction ou plutôt le refus d'une autre distinction. L'abstention de traitement est-elle différente de l'euthanasie? Plusieurs, dont James Rachels, soutiennent qu'il n'y a pas de distinction: dans les deux cas, le but poursuivi est de permettre au malade de mourir mais le refus de faire la distinction a des conséquences considérables pour la pratique médicale. Les médecins qui acceptent l'arrêt de traitement mais refusent l'euthanasie ont moralement tort. En effet, tout en poursuivant le même but que les médecins qui sont en faveur de l'euthanasie, ils ne font que retarder la mort en faisant souffrir plus longtemps[68]. La morale est du côté de l'euthanasie.

Pour la position médicale qui reconnaît la validité de la distinction, l'aide médicale au suicide ou l'euthanasie est considérée comme une étape subséquente dans le continuum des soins. À certains moments, il ne suffit plus d'arrêter de traiter, il faut passer à une autre modalité thérapeutique. C'est la position de Quill, Cassel et Meier qui écrivent:

---

68. ANGELL, Marcia, «Euthanasia», dans *The New England Journal of Medicine,* 319(20), 17 novembre 1988, p. 1350.

Un des objectifs les plus importants de la médecine est de permettre aux malades qui sont en phase terminale de mourir, autant que c'est possible, sans souffrance, en demeurant responsables et en conservant leur dignité. Dans ce cadre, l'aide médicale au suicide constitue un continuum dans les options disponibles pour donner des soins de confort[69].

Christine Cassel et Diane Meier, deux médecins ayant beaucoup publié sur des questions de fin de vie en relation avec l'éthique, ont écrit un texte très dur à l'égard d'une médecine qui se comporte de façon cruelle en prolongeant la vie à tout prix. Les auteures soutiennent qu'accepter l'euthanasie, c'est pour le médecin écouter la souffrance de ses patients, être sensible à leurs visions spirituelles et reconnaître enfin la mort. Elles repréciseront leur thèse, moins d'une année plus tard, dans la même revue suite à un échange de vues avec les lecteurs: «Il n'y a pas de contradiction inhérente entre l'aide médicale au suicide et la responsabilité d'être un médecin qui prend soin de ses patients et se montre compatissant à leur égard[70].» Le tableau qui suit présente quelques extraits de leur texte «Morals and Moralism in the Debate over Euthanasia and Assisted Suicide».

Tableau 5
AIDE AU SUICIDE ET TÂCHE MÉDICALE

— Le débat sur l'aide médicale au suicide et l'euthanasie doit se transformer en un examen des besoins et des valeurs des patients dans un contexte qui reconnaît les limites de la médecine moderne et l'inévitabilité de la mort.

— La rigidité de la position selon laquelle les médecins ne devraient jamais aider un patient à se suicider nie la complexité des visions personnelles sur le sens de la vie et témoigne d'une vision unilatérale en faveur de la durée.

---

69. QUILL, Thimothy, CASSEL, Christine K., et MEIER, Diane, «In Care of the Hopelessly Ill - Proposed Clinical Criteria for Physician-Assisted Suicide», dans *The New England Journal of Medicine*, 325, 5 novembre 1992, p. 1380-1381.

70. CASSEL, Christine K. et MEIER, Diane, «Correspondence», dans *The New England Journal of Medicine*, 324(20), 16 mai 1991, p. 1436-1437.

— Lorsque la vie en est devenue une d'insupportables souffrances, ce peut être bien d'accepter l'inévitabilité de la mort et d'aider à faciliter le passage[71].

Source: C. Cassel et D. Meier.

En 1989, une douzaine de médecins provenant d'hôpitaux universitaires américains publièrent un important article consacré à la responsabilité du médecin à l'égard des patients dont la maladie ne laisse aucun espoir[72]. Ils insistent sur la sollicitude qui doit caractériser le travail du médecin, l'importance d'une communication de qualité, le respect des volontés des patients, le contrôle des douleurs. Ils mettent en relief le souci que doit avoir le médecin de s'adapter de façon continue aux besoins changeants du patient. Ils montrent que le travail des soignants sera différent selon les lieux où est traité le malade. Enfin, ils abordent la question de l'aide médicale au suicide et l'euthanasie. Au plan médical, la question ne peut se poser que dans le contexte où le médecin, l'infirmière, la famille et le patient ont tout fait pour soulager la détresse causée par la maladie terminale. Si, malgré ces efforts, le patient considère sa situation intolérable et demande de l'aide pour mettre un terme à sa vie, comment le médecin doit-il réagir? Dix des signataires considèrent qu'il n'est pas immoral pour un médecin d'aider un patient qui est en fin de vie à se suicider. Ils reconnaissent cependant qu'un tel geste représente une déviation du principe selon lequel les soins doivent être adaptés en permanence à la situation du patient.

Ces auteurs soutiennent que l'aide médicale au suicide soulève une série de questions difficiles à résoudre. Ainsi, à mesure que la maladie progresse et qu'ils sont mis sous médication, les malades perdent-ils leur capacité de décider? Si la réponse est positive, les médecins ne pratiquent-ils pas l'euthanasie plutôt que l'aide au suicide? Quelquefois, malgré l'information donnée par le médecin sur la possibilité de prodiguer des soins qui seront toujours adaptés à la

---

71. CASSEL, Christine K. et MEIER, Diane, «Morals and Moralism in the Debate over Euthanasia and Assisted Suicide», dans *The New England Journal of Medicine*, 323(11), 13 septembre 1990, p. 750-752.

72. WANZER, dans *The New England Journal of Medicine*, p. 844-849.

situation, le patient refuse d'écouter le médecin et veut imposer sa décision. Que doit alors faire le médecin? Que faire si le malade insiste pour que ses proches ne soient pas informés de sa volonté de se suicider? Avant d'accepter d'assister un patient dans sa décision de mettre un terme à sa vie, le médecin doit-il consulter un collègue ou prendre seul sa décision?

L'article de Sidney Wanzer et de ses collègues contient aussi une section sur l'euthanasie. Pour les auteurs, l'euthanasie pose des problèmes encore plus difficiles à résoudre que ceux soulevés par l'aide médicale au suicide: dans le dernier cas, le malade lui-même pose le geste, alors que dans le premier c'est le médecin qui met un terme à la vie d'une autre personne. Trois motifs sont présentés pour en montrer les graves difficultés. Premièrement, plusieurs médecins considèrent que l'euthanasie est contraire à la tâche médicale. La deuxième raison se fonde sur les risques d'abus: la libéralisation de l'euthanasie volontaire risque de conduire à l'euthanasie involontaire. Enfin, troisième raison, les Américains sont prompts aux contestations et aux poursuites légales[73].

Une conférence internationale de consensus tenue à Appleton dans l'État du Wisconsin en 1987 et à nouveau au printemps de 1988 a cherché à établir des lignes directrices concernant l'arrêt de traitement. Trente-trois médecins provenant de 10 pays (États-Unis, Pays-Bas, Écosse, Inde, Suède, Nouvelle-Zélande, Grande-Bretagne, Israël, Norvège, Danemark, Australie) y étaient représentés. La conférence a abordé la question de l'aide médicale pour hâter la fin de vie et la majorité des participants ont approuvé la recommandation suivante:

> Les patients aptes à décider qui souffrent d'une maladie grave et irréversible demandent parfois de l'aide pour les aider à mourir. De telles demandes pour hâter la mort par un acte médical qui cause directement et irrémédiablement la mort peuvent être moralement justifiables et devraient faire l'objet d'une sérieuse considération. Les médecins ont l'obligation de tenter de traiter les patients de manière à leur procurer une mort paisible, digne et humaine avec un minimum de souffrance[74].

---

73. WANZER, dans *The New England Journal of Medicine*, p. 849.
74. The Appleton International Conference, «Developing Guidelines for

Certains auteurs américains jugent morale l'aide médicale au suicide mais non l'euthanasie, comme nous l'avons déjà indiqué. D'autres, au contraire, portent un jugement inverse. Je voudrais présenter ici les arguments de ce dernier courant.

Certains médecins soutiennent que l'euthanasie est un geste plus adéquat que l'aide médicale au suicide. C'est la position défendue aux Pays-Bas. Le Territoire du Nord de l'Australie, petite province du pays dont la population est de 170 000 habitants et qui a un parlement à chambre unique, a voté le 25 mai 1995 une loi qui décriminalise l'euthanasie[75]. L'assistance au suicide ne semblait pas répondre aux besoins exprimés. Si certaines prémisses de la position en faveur de l'euthanasie sont les mêmes que celles de l'aide médicale au suicide — même souci d'aider un malade dans un état de souffrances insupportables et sur qui les traitements se sont avérés inefficaces —, il faut reconnaître aussi des différences importantes au plan éthique.

Parmi les arguments apportés, les tenants de cette solution soulignent que l'euthanasie est plus efficace, et dans ce sens, plus humaine: surveillance médicale pour l'absorption du médicament, plus grandes rapidité du processus de mort, équilibre des doses nécessaires et accompagnement du malade jusqu'à la fin. Un deuxième argument présenté est que l'euthanasie permet au malade incapable de se donner lui-même la mort de ne pas être privé de son désir d'en finir avec sa souffrance intolérable. Enfin, la troisième raison est celle que soutiennent les Néerlandais: le cas de force majeure. Dans le langage de l'éthique biomédicale contemporaine, on parlerait du dilemme du médecin coincé entre son devoir de préserver la vie et celui de soulager la souffrance insupportable. L'euthanasie est, dans ces circonstances, la moins mauvaise solution.

À lire les articles médicaux sur l'euthanasie et l'aide médicale au suicide, deux arguments ressortent. L'argument principal en

---

Decisions to Forgo Life-Prolonging Medical Treatment», dans *Journal of Medical Ethics Supplement*, 18 septembre 1992, p. 6.

75. RYAN, Christopher James et KAYE, Miranda, «Euthanasia in Australia - The Northern Territory Rights of the Terminally Ill», dans *The New England Journal of Medicine*, 334(5), 1er février 1996, p. 326-328.

faveur de l'euthanasie est qu'un tel geste est plus humain que celui de forcer un patient à poursuivre une vie rendue insupportable par la souffrance qui l'habite. Le second est que l'euthanasie volontaire respecte le principe de l'autodétermination et que, dans ce sens, elle favorise le respect de la vie humaine[76].

Les arguments médicaux contre l'euthanasie et l'aide médicale au suicide

Cette section consacrée aux arguments médicaux contre l'euthanasie et l'assistance médicale au suicide sera divisée en deux parties. Dans un premier temps, les quatre arguments principaux que l'on retrouve dans les publications médicales seront présentés. Dans un second temps, il sera question des conditions que posent les médecins eux-mêmes pour rendre possible la tâche qu'ils fixent à la médecine.

Les arguments contre

Le premier argument est celui du respect de la vie. Cet argument est premier car il fonde le sens même de la médecine. Le deuxième est qu'hâter la mort d'un patient viole les normes de la médecine. Le troisième argument qui est mis en avant a trait aux risques d'abus. Enfin, quatrième argument, c'est le passage du droit de mourir à un devoir de mourir.

Le premier argument[77] «reflète la valeur suprême que nous plaçons dans la vie humaine», comme l'affirme Marcia Angell[78]. Hippocrate en faisait le cœur de son engagement. L'Académie suisse des sciences médicales a récemment affirmé que ce principe oriente toute la tâche du médecin[79]. Le second argument rappelé par quelques

---

76. ANGELL, dans *The New England Journal of Medicine*, p. 1349-1350.

77. Cet argument fondamental pour les tenants de cette position sera repris au troisième chapitre.

78. ANGELL, dans *The New England Journal of Medicine*, p. 1349.

79. Académie suisse des sciences médicales, «Directives médico-éthiques sur l'accompagnement médical des patients en fin de vie ou souffrant de troubles cérébraux extrêmes», dans *Bulletin des médecins suisses*, 76, 26 juillet 1995, p. 1226.

médecins affirme que participer à hâter la mort viole les normes de la médecine. En effet, accepter cette participation fait perdre de vue les vraies questions que posent les soins à offrir à la personne mourante et détruit le rôle social du médecin qui est de chercher à guérir. Enfin, une telle collaboration met en cause l'être même du médecin. La prohibition de l'euthanasie a, d'une part, protégé le médecin contre le conflit d'intérêt entre guérir et tuer et, d'autre part, permis au patient de garder confiance dans son médecin[80]. Dans ses Directives du 24 février 1995, l'Académie suisse des sciences médicales affirme une position semblable, même si le langage est différent. Pour elle, «l'assistance au suicide n'est pas une activité médicale» puisque «le médecin s'efforce de soulager, de soigner et de guérir les douleurs physiques et morales pouvant amener un patient à des intentions suicidaires[81]».

Le troisième argument concerne les risques d'abus qu'entraînerait l'acceptation de l'euthanasie. Les risques concernent en particulier la dérive vers l'euthanasie involontaire de personnes appartenant à des groupes faibles et sans défense. Le tableau suivant résume deux prises de position à ce propos.

Tableau 6
RISQUES D'ABUS

Vers l'euthanasie involontaire:
1. euthanasie secrète de patients vulnérables;
2. euthanasie conseillée aux patients qui sont devenus un fardeau;
3. euthanasie par consentement substitué de manière à ce que les malades incapables aient les mêmes droits que les malades aptes à consentir;
4. euthanasie discriminatoire à l'égard de groupes pauvres, sans défense ou faibles.

Source: Singer et Siegler[82]

---

80. SINGER, Peter A. et SIEGLER, Mark, «Euthanasia - A Critique», dans *The New England Journal of Medicine*, 322, 28 juin 1990, p. 1883.

81. Académie suisse des sciences médicales, dans *Bulletin des médecins suisses*, p. 1227.

82. SINGER et SIEGLER, dans *The New England Journal of Medicine*, p. 1882.

1. L'illusion que l'euthanasie demeurerait réellement volontaire;
2. l'illusion que la pratique de l'euthanasie réduirait le nombre de poursuites légales contre les médecins;
3. l'illusion que, malgré tout, nous demeurerions une société humanitaire, disposée à investir temps et ressources dans les soins palliatifs;
4. l'illusion que nous ne pourrions pas, comme d'autres sociétés civilisées avant nous, nous laisser entraîner vers d'intolérables abus.

Source: Roy et Rapin[83]

Le quatrième argument apporté par les opposants à l'euthanasie soutient que la libéralisation de l'euthanasie pourrait entraîner un risque majeur, celui du passage du droit au devoir de mourir. Bernard Courvoisier, ancien président de la Commission centrale d'éthique de l'Académie suisse des sciences médicales, résume ainsi cette crainte:

> En intégrant l'euthanasie et l'aide au suicide dans la pratique des soins terminaux, on pourrait inciter les malades à se sentir obligés d'y recourir par crainte de devenir un fardeau pour leur famille. Le droit de mourir pourrait être interprété comme un devoir de mourir[84].

Les conditions nécessaires pour rendre possible la tâche médicale en fin de vie

Lorsque les médecins présentent leur argumentation contre la libéralisation de l'euthanasie et de l'aide au suicide, tous sont conscients des difficultés que pose aujourd'hui le service médical aux personnes en fin de vie. Ils insistent sur la qualité des soins que doivent recevoir les malades qui souffrent en raison de la gravité de leur maladie. L'argumentation qui provient du corps médical insiste sur les très hautes exigences posées aux médecins pour que ceux-ci remplissent bien leur rôle:

---

83. ROY, David J. et RAPIN, Charles-Henri, «À propos de l'euthanasie», dans *European Journal of Palliative Care*, 1 (1), 1994, p. 59.

84. COURVOISIER, Bernard, «Euthanasie?», dans *Praxis Revue suisse de médecine*, 4, 1993, p. 111.

Il est malheureusement devenu simple de donner la mort, avec une injection qui ne laisse pas de traces, sans doute plus simple que de soulager des souffrances, des misères qui ne sont pas toujours de fin de vie.

Le développement des soins palliatifs leur a fait atteindre un degré prouvant qu'ils ne s'improvisent pas. Leur mise en œuvre suppose des efforts autrement plus exigeants qu'une exécution rapide[85].

Remarques finales

Au tout début de ce chapitre, j'ai posé la question qui devait orienter les réflexions sur médecine et euthanasie: le changement du discours médical à propos du rôle de la médecine à l'égard des mourants est-il de fond ou de forme? La réponse est liée à la conception que l'on se fait de la médecine. Deux courants s'opposent. Dans le cadre de la médecine qui trouve son inspiration chez Hippocrate, la réponse est nette, il s'agit d'un changement de fond. Accepter l'euthanasie et l'aide médicale au suicide est contraire au sens même de la médecine. En revanche, pour la médecine moderne qui trouve en Bacon son témoin privilégié, le changement en est simplement un de forme, l'euthanasie appartenant à la tâche médicale.

Les médecins qui s'opposent à la dépénalisation de l'euthanasie en appellent à la tradition médicale, en particulier hippocratique: le pouvoir médical sur la vie et la mort est limité. S'il est vrai que le médecin hippocratique prend à son compte toute la démarche clinique de manière à répondre aux besoins du malade et est ainsi accusé de paternalisme[86], il reconnaît cependant que le contrôle de la mort

---

85. HOERNI, Bernard, «Donner la mort?», dans *Médecine et Hygiène*, 53, nᵒ 2096, 6 décembre 1995, p. 2525.

86. «Exécutez vos fonctions de manière calme et habile; au moment où vous traitez le patient, dérobez à sa vue la plupart de vos gestes. Donnez vos ordres avec entrain et de bonne foi, détournant l'attention du patient des actions qui sont posées; par moments, réprimandez sévèrement et énergiquement, à d'autres moments, soutenez avec sollicitude et bonté ne révélant rien du diagnostic ni du pronostic.» (HIPPO-CRATE, *Le Decorum*) «Je dirigerai le régime des malades à leur avantage et selon mes forces et mon jugement, et je m'abstiendrai de tout mal et toute injustice.» (HIPPO-CRATE, *Le serment*; ZANER, Richard, M., «Justice and the Individual in the Hippocratic Tradition», dans *Cambridge Quarterly of Health Care Ethics*, 5, 1996, p. 513)

dépasse sa responsabilité. Pour lui, la médecine s'oppose à l'ordre naturel des choses où seuls les plus forts survivent, mais il sait en même temps reconnaître la mort comme une étape naturelle de la vie. C'est pourquoi ce médecin refuse l'euthanasie. La position ne s'explique pas seulement par la faiblesse des moyens à disposition des médecins du passé, puisque l'efficacité des poisons était connue depuis fort longtemps. La raison tient plutôt à la philosophie de la médecine qui était celle du maître de Cos. Voici à ce propos un texte riche d'enseignement:

> L'objet de la médecine est, en général, d'écarter les souffrances des malades et de diminuer la violence des maladies, tout en s'abstenant de toucher à ceux chez qui le mal est le plus fort: cas placé, comme on doit le savoir, au-dessus des ressources de l'art[87].

Dans ce sens, comme le disait Aristote, le médecin est un sage, car il agit de façon efficace tout en reconnaissant la mesure à conserver. *Le Decorum* reprend la même idée: «Entre la sagesse et la médecine, il n'y a pas de rupture. En fait, la médecine possède toutes les qualités qui caractérisent la sagesse.» D'une part, l'histoire personnelle d'un patient n'est pas terminée lorsque la maladie grave et terminale s'impose, bien que certaines tâches de la médecine puissent l'être. D'autre part, le pouvoir sur son semblable connaît des limites. Au seuil de la mort, en raison sans doute de son mystère, le savoir et la technique perdent leur primauté: la vie passe à un autre niveau. Pour cette médecine, la mort n'est pas un échec; c'est pourquoi le médecin sait se retirer lorsqu'il a accompli ce qui lui était possible. Tel m'apparaît l'esprit de la médecine d'inspiration hippocratique qui s'oppose à l'euthanasie.

La médecine inspirée de Bacon est née d'une volonté de transformer la condition de l'être humain en faisant disparaître la maladie et la souffrance. L'éloge que l'on va faire de la science tout au long de ces derniers siècles met en relief la transformation de la vie humaine qu'elle opère. George Steiner cite dans ses *Notes pour une*

---

87. HIPPOCRATE, *De l'art, Œuvres complètes*, t. VI, Paris, J.B. Baillière, 1849, p. 6-7.

redéfinition de la culture, l'*Essai sur Bacon* de Lord Macaulay. Ce texte de 1837 témoigne de la vision que l'élite intellectuelle avait de la médecine. Pour le monde moderne, c'est la science qui produit les véritables miracles. Voici le texte de Macaulay:

> Elle a allongé la vie; elle a adouci la souffrance; elle a vaincu les maladies; [...]
> Ce ne sont là que quelques-uns de ses fruits, des fruits de sa première récolte; car c'est une philosophie qui ne connaît pas le repos, qui n'est jamais rendue, qui n'est jamais parfaite. Sa loi c'est le progrès[88].

Science et technique transforment la vie et deviennent ainsi obligatoires. Ce thème constitue d'ailleurs l'un des débats majeurs de notre temps. La biomédecine a permis des réalisations extraordinaires et s'est inscrite au cœur de notre vie au point que les grands moments de l'existence, de la naissance à la mort, sont désormais médicalisés. Le rêve de la médecine moderne ne s'est cependant pas réalisé exactement de la manière entrevue par Bacon. Dans le même temps où les miracles de la médecine continuent d'être encensés, de fortes critiques s'élèvent contre les conséquences de la médicalisation de la mort et d'autres grands événements de la vie. La création du concept d'acharnement thérapeutique témoigne de cette protestation.

Beaucoup de médecins reconnaissent que la lutte livrée par la médecine pour prolonger la vie peut être source de très grandes douleurs et de profondes souffrances au point que les malades demandent, malgré les efforts fournis par les soignants pour les soulager, qu'un terme soit mis à leur vie. Ces médecins acceptent de se montrer compatissants à l'égard de ces malades en pratiquant l'euthanasie ou en aidant ces malades à se suicider.

Vue sous cet angle, l'évolution du discours médical n'en serait une que de forme puisque la médecine témoignerait d'une grande attention aux individus et reconnaîtrait son absence de contrôle de la

---

88. STEINER, George, *Dans le Château de Barbe-Bleue. Notes pour une redéfinition de la culture*, Paris, Gallimard, 1973, p. 18.

mort, le patient décidant du moment de sa mort. Cette affirmation ne serait que partiellement vraie. D'une part, il faut souligner que l'euthanasie et l'aide médicale au suicide représentent de la part des malades une volonté de démédicaliser la mort. En effet, elles s'inscrivent dans le mouvement contemporain visant à libérer les patients du pouvoir médical qui prive l'être humain de sa propre mort. La proclamation de l'autonomie du patient et l'affirmation du droit de mourir dans la dignité s'inscrivent dans la ligne d'un refus d'être dépossédé de sa mort par l'establishment médical. Et pourtant, paradoxe étonnant, c'est la médecine qui prend charge de poser le geste qui libère des souffrances dont elle est en grande partie responsable. La médecine augmente ainsi davantage son pouvoir sur la vie humaine. D'autre part, la médecine se dit humaine et compatissante parce qu'elle pratique l'euthanasie alors qu'elle devrait logiquement livrer un combat sans fin avec la mort. Elle est ainsi placée devant un cul-de-sac: mettre rapidement fin à une vie blessée qu'elle a tenté de prolonger comme si celle-ci n'avait pas de fin. En agissant de la sorte, elle peut esquiver la question du sens de la mort. Pour ne pas avoir à se poser une telle question, la médecine n'a qu'un simple geste à poser: l'injection mortelle. L'euthanasie, en tant que pratique médicale, devient ainsi une réponse technique à un problème de fond, celui de notre tâche à toutes et tous devant l'énigme du mal et la dégradation que représente la maladie terminale dans le contexte biomédical contemporain. Elle continue, sous un mode inversé, l'acharnement thérapeutique, c'est-à-dire ce refus médical de reconnaître la mort comme partie intégrante de la vie humaine. En survalorisant la gestion technique de la maladie, la médecine occidentale a rendu les populations excessivement dépendantes des soins en institution. Elle est une des causes majeures de notre incapacité d'intégrer la réalité de la souffrance et de la mort.

Ce chapitre a montré que le débat sur l'euthanasie et l'aide médicale au suicide témoigne de deux visions de la médecine et, comme l'ont brièvement rappelé les remarques finales, de deux anthropologies. C'est ainsi que, selon la conception de la médecine à laquelle les médecins se rattachent, la réponse qu'ils donnent à la question initiale sera fort différente.

Si l'évolution du discours médical sur l'euthanasie est consé-
quente avec l'esprit de la médecine moderne, elle est en contradiction
avec la médecine d'inspiration hippocratique.

CHAPITRE 3

LES ARGUMENTS THÉOLOGIQUES
DANS UNE CULTURE SÉCULARISÉE

Dans les discussions actuelles sur l'euthanasie et l'aide médicale au suicide, les arguments de nature religieuse sont largement soulevés. Il ne faut guère s'en surprendre en raison du lien profond entre religion et angoisse de la mort. Comme le notait Louis-Vincent Thomas:

> Les fins dernières n'ont jamais cessé de tourmenter les hommes: les diverses croyances conçues au cours des âges pourraient bien être, à cet égard, des moyens d'échapper sinon à l'angoisse, du moins à l'inquiétude relative à l'au-delà du mourir. La société moderne retrouve et résout, à sa façon, des questions vieilles comme le monde qui, déjà, préoccupaient les Néantherdaliens ainsi que l'atteste l'archéologie[89].

Les arguments théologiques sont invoqués par les uns comme fondamentaux et rejetés par les autres en raison de leur inutilité dans des sociétés séculières. On ne voit pas en quoi, feront remarquer les tenants de la deuxième position, ils pourraient éclairer le débat public car ils sont de nature privée. Malgré les critiques qu'on pourrait leur adresser, les arguments de nature religieuse ont joué et jouent encore un rôle de premier plan dans l'intelligence que nous avons de la responsabilité humaine face à la mort. Non seulement ont-ils été déterminants pour construire l'approche occidentale à l'égard de

---

89. THOMAS, Louis-Vincent, dans THOMAS et al., *Réincarnation, immortalité, résurrection*, Bruxelles, Publications des facultés universitaires Saint-Louis, 1988, p. 1.

l'euthanasie mais ils continuent à imprimer leur marque dans les débats qui ont présentement cours.

Je présenterai un certain nombre d'arguments utilisés surtout par les Églises chrétiennes pour débattre de l'euthanasie. Trois d'entre eux seront analysés. Le premier s'exprime par une métaphore très populaire dans certains milieux chrétiens américains: *to play God*. L'euthanasie est condamnable parce qu'en la pratiquant les êtres humains se placent sur le trône de Dieu, pour reprendre une expression de Karl Barth[90]. Le deuxième argument est largement reconnu par les chrétiens: le caractère sacré de la vie. Il est aussi utilisé en dehors des milieux chrétiens et même religieux. Le troisième argument, qui me semble être le plus central en christianisme, tient dans l'affirmation que la vie est don de Dieu.

To play God

Ce premier argument d'origine plutôt récente est particulièrement à la mode dans certains milieux chrétiens qui remettent en cause divers développements technologiques dans les sciences de la vie, lorsque la biomédecine est confrontée à des décisions nouvelles et complexes ou lorsqu'il est question du champ des possibles dans le domaine des technologies de reproduction ou de la génétique. La même expression est reprise dans les cas de nouveau-nés grandement prématurés ou lourdement handicapés. La néonatologie oblige aujourd'hui à prendre des décisions qui hier encore ne se posaient pas: utiliser toute la panoplie des moyens technologiques disponibles pour réussir à sauver ces enfants ou les laisser mourir. Il en va de même, on l'a vu, à l'autre extrémité de la vie: les scientifiques jouent avec la vie en décidant de la prolonger ou d'y mettre un terme. Les savants usurpent un trône qui n'est pas le leur: *they play God,* ils cherchent à être comme Dieu.

Stanley Harakas, l'un des théologiens grecs orthodoxes les plus connus aux États-Unis, écrit que «l'Église orthodoxe s'oppose d'une

---

90. BARTH, Karl, *Dogmatique*, v. III, *La doctrine de la création*, t. IV, n. 2, Genève, Labor et Fides, 1965, p. 8.

façon totale et immuable à l'euthanasie». Et il ajoute que «c'est une manière épouvantable et dangereuse pour des êtres humains faillibles de prendre la place de Dieu[91]».

L'argument témoigne d'une image particulière de la relation de l'être humain à Dieu et de sa propre tâche dans le monde. Il est une critique de l'humanisme moderne. En pénétrant dans le territoire de la science, les êtres humains auraient pris la place de Dieu et se seraient ainsi appropriés un pouvoir qui ne leur appartenait pas. Il y aurait quelque chose de sacrilège à poser de tels gestes puisque Dieu n'en aurait pas autorisé l'usage ou, tout au moins, dont la responsabilité dépasserait la légitimité humaine. Cette interprétation renvoie à Prométhée, condamné pour avoir dérobé le feu aux dieux. Nous sommes ici confrontés au problème de la place et du rôle de l'être humain mais aussi au sens même de Dieu. Toute une théologie de la création et de la technique fonde ce type d'argument.

Dans le cas particulier de l'euthanasie, comment évaluer la position qui assimile le geste de l'euthanasie à une usurpation de la responsabilité divine? Cette position paraît fondée sur la nécessité de laisser la nature suivre son cours et d'obéir à la volonté de Dieu. Intervenir dans la nature, c'est s'opposer à Dieu. Comme le note Ron Wennberg, théologien américain: «respecter l'ordre naturel des événements, c'est respecter l'ordre divin[92]». Mais cette équation soulève la question suivante: comment considérer comme des bénédictions de Dieu les multiples vies qu'ont sauvées les progrès de la médecine s'opposant au cours naturel de la maladie? Les tenants de la position doivent expliquer pourquoi les humains s'assoient sur le trône de Dieu lorsqu'ils retardent le moment de la mort mais non lorsqu'ils prolongent la vie, bien que dans les deux situations, ils s'opposent à la nature.

Cette position repose sur une opposition inévitable entre le pouvoir de Dieu et celui de l'être humain: l'un paraît en lutte contre l'autre. D'une manière paradoxale, cette vision fondamentaliste re-

---

91. HARAKAS, Stanley, *Contemporary Moral Issues*, Minneapolis, Light and Life Publications, 1982, p. 171.

92. WENNBERG, R.N., *Terminal Choices, Euthanasia, Suicide and the Right to Die*, Grand Rapids, Mi., William B. Eerdmans Publishing Co., 1989, p. 93.

joint les grandes philosophies athées des XIXe et XXe siècles. Ces dernières ont beau jeu de s'en prendre, comme le fait Philippe Moureaux dans son «Avant-propos» à *Bioéthique: jusqu'où peut-on aller?*, à une conception qui proclame «la supériorité d'un dieu ou d'une nature créatrice [...] de ses créatures, sur les droits de l'homme[93]». La conséquence est qu'il faut se libérer d'un Dieu qui n'arrive pas à être la hauteur de l'intelligence humaine et des possibilités de la médecine moderne. Dans le même dossier, Charles Susanne s'interroge: le biologiste devient-il Dieu? «En fait, ne deviendrait-il pas "meilleur que Dieu" puisqu'il se permettrait de guérir ces maladies congénitales qui apparaissent "spontanément" à chaque génération?» Sa réponse est la suivante:

> Fantasmer sur le fait que «l'homme va trop loin», est en fait se scandaliser de son intelligence, séparer l'homme de sa nature et, à la limite, vouloir réduire l'homme à son origine animale[94].

En ce qui concerne l'euthanasie, la pensée laïque belge, puisque c'est elle que j'ai citée ici, en déduira que la conception religieuse de la vie qui refuse à l'être humain de prendre ses responsabilités nie les droits de l'homme en forçant ce dernier à vivre contre sa volonté. L'humanisme plus sensible à la souffrance de l'individu n'est-il pas empreint d'une bonté censée caractériser le bon Dieu?

Les grandes traditions théologiques, tant celles du protestantisme que du catholicisme, ne se reconnaissent pas dans l'interprétation fondamentaliste de l'expression *to play God*. En effet, la personne ne s'oppose pas à Dieu lorsqu'elle s'ingénie à améliorer les conditions de la vie humaine. Au contraire, l'individu collabore alors avec Dieu pour accomplir l'œuvre de la création. Dieu ne prend pas plaisir à jouer avec la vie et la mort. Dans *The Patient as Person*, livre majeur de la bioéthique américaine, le théologien Paul Ramsey a porté un jugement décisif sur cet argument en rappelant la vie

---

93. MOUREAUX, Philippe, «Avant-propos» dans Jacques LEMAIRE et Charles SUSANNE, dir., *Bioéthique: jusqu'où peut-on aller?*, Bruxelles, Éditions de l'Université de Bruxelles, 1996, p. 7.

94. SUSANNE, Charles, «Bioéthique: à titre d'introduction», dans Jacques LEMAIRE et Charles SUSANNE, dir., *Bioéthique: jusqu'où peut-on aller?*, Bruxelles, Éditions de l'Université de Bruxelles, 1996, p. 13.

chrétienne elle-même. Le sens chrétien de l'expérience de Dieu consiste à agir comme Dieu: «Soyez parfaits comme votre Père céleste est parfait[95]» (*Mt* 5,48). Il faut cependant reconnaître que d'autres théologiens appartenant aux courants centraux du christianisme ont utilisé l'expression. Ainsi en est-il de Stanley Harakas et de Karl Barth, déjà cités. James Gustafson, le grand théologien protestant américain, apporte un argument semblable à propos de la génétique:

> L'homme est fait à l'image de Dieu et modifier son image fondamentale est «se prendre pour Dieu», ce qui constitue non seulement un acte d'idolâtrie religieuse mais également un pas au-delà de la saine reconnaissance des limites de l'homme qui permet d'endiguer diverses formes du mal[96].

La critique de la métaphore explique pourquoi certains théologiens ne peuvent, au nom d'une telle position, s'opposer à tout geste euthanasique. Citons à ce propos deux théologiens qui appartiennent à la tradition catholique. Daniel C. Maguire, dans son livre *Death by Choice*, soutient que les développements de la biomédecine peuvent aujourd'hui conduire à devoir choisir sa mort. Une telle décision ne signifie pas nécessairement que la personne va contre Dieu: elle peut respecter le mouvement même de la vie[97]. Charles Curran s'attaque encore plus directement aux opposants à l'euthanasie qui fondent leur position sur la métaphore:

> Précisément parce que le processus qui conduit à la mort est déjà commencé, l'intervention active de l'être humain ne peut être considérée comme un geste arrogant de quelqu'un qui usurperait le rôle de Dieu, mais comme une action qui poursuit un mouvement déjà commencé dans la personne[98].

---

95. RAMSEY, Paul, *The Patient as Person*, New Haven, Conn., Yale University Press, 1970, p. 259.

96. GUSTAFSON, James N., «Basic Ethical Issues in the Biomedical Fields», dans *Soundings*, 53, été 1970, p. 164.

97. MAGUIRE, Daniel C., *Death by Choice*, Garden City, N.J., Image Books, 1984, p. 224.

98. CURRAN, Charles, *Politics, Medicine, and Christian Ethics*, Philadelphie, Fortress Press, 1973, p. 161-162.

Si l'argument exprimé par la métaphore *to play God* ne fait pas sens à l'intérieur de nombreuses traditions théologiques, qu'en est-il de l'argument qui voit dans l'euthanasie un refus de la souveraineté absolue de Dieu sur la vie et la mort? Ne serait-ce pas une autre façon de dire la même chose? Ce dernier argument est repris à plusieurs reprises par le pape Jean-Paul II dans son encyclique *Evangelium Vitæ*[99] pour présenter les différents types d'actions qui abrègent la vie. Le tableau suivant peut être éclairant:

Tableau 7
L'EUTHANASIE SELON JEAN-PAUL II
«C'est moi qui fais mourir
et qui fais vivre.» (*Dt* 32,39)

Euthanasie volontaire:
En refusant ou oubliant son rapport fondamental avec Dieu, l'homme pense être pour lui-même critère et norme... (n. 64)

Suicide:
En son principe le plus profond, il constitue un refus de la souveraineté absolue de Dieu sur la vie et sur la mort. (n. 66)

Euthanasie involontaire:
Cela reproduit la tentation de l'Éden: devenir comme Dieu, «connaître le bien et le mal». Mais Dieu seul a le droit de faire mourir et de faire vivre. (n. 66)

Pour fonder son argumentation contre l'euthanasie,   utilise le passage du Deutéronome «C'est moi qui fais mourir et qui fais vivre» (32,39). Le contexte est le suivant: Moïse est au terme de sa vie terrestre et Josué vient d'être désigné comme son successeur. Moïse prononce alors un cantique devant toute l'assemblée d'Israël. Ce cantique met en relief la grandeur absolue de Dieu et sa bonté envers son peuple qui ne s'est pas montré à la hauteur des dons de son Libérateur. Tout au long du cantique revient comme un refrain tant la force de Yahvé qui a sauvé son peuple d'ennemis puissants que l'incapacité de son peuple de faire confiance à son

---

99. JEAN-PAUL II, *Evangelium vitæ*, Paris, Assas Éditions/Desclée de Brouwer, 1995, n°s 64-67, p. 76-81.

Seigneur. C'est la reconnaissance du Dieu unique. Voici le verset au complet:

> *Eh bien ! Maintenant, voyez:*
> *c'est moi, rien que moi,*
> *sans aucun autre dieu que moi,*
> *c'est moi qui fais mourir et qui fais vivre,*
> *quand j'ai brisé, c'est moi qui guéris,*
> *personne ne sauve de ma main.*

Le contexte du texte du Deutéronome est très loin des problèmes que posent les développements de la médecine contemporaine, en particulier l'euthanasie. En utilisant ce seul texte pour condamner l'euthanasie, la pensée du pape risque d'être réduite à une position qui refuse la responsabilité humaine dans les décisions qui concernent la vie et la mort. Sous cet angle, sa pensée paraît se rapprocher des tenants de la métaphore *to play God*. Il faut cependant préciser que nulle part dans l'encyclique ne se trouve la métaphore. De plus, quelques passages d'*Evangelium Vitæ* affirment clairement la responsabilité de l'être humain à faire fructifier la vie. Jean-Paul II cite le texte fameux de Grégoire de Nysse: «Dieu a fait l'homme de telle sorte qu'il soit apte au pouvoir royal sur la terre. [...] L'homme a été créé à l'image de Celui qui gouverne l'univers[100].»

Pour situer précisément la pensée du pape sur l'euthanasie, il faut interpréter son argument principal dans le cadre de l'ensemble d'*Evangelium Vitæ*. On prend alors conscience que Jean-Paul II est habité d'un souci primordial, on pourrait même parler d'une obsession: faire réfléchir sur les conditions qui permettraient aux hommes et aux femmes de ce temps d'être respectés dans leur dignité de personnes, même et surtout s'ils sont en situation dramatique. Dans ce sens, l'affirmation fortement martelée de la maîtrise absolue du Seigneur sur la vie ne vient pas de la jalousie de Dieu à l'égard des humains lui usurpant sa puissance mais de la conviction que seule la reconnaissance de Dieu comme maître de la vie et de la mort permet

---

100. GRÉGOIRE DE NYSSE, cité par JEAN-PAUL II, *Evangelium Vitae*, nᵒ 52, p. 64-65.

de respecter la vie de toutes ces personnes contre qui pèsent les forces de la mort.

Le caractère sacré de la vie

Le thème du caractère sacré de la vie est le second argument que je veux examiner. De toute évidence, ses origines sont religieuses, principalement judéo-chrétiennes et hindouistes. La langue anglaise a un autre terme pour rendre compte du caractère sacré de la vie: on y parle de *sanctity of life*. L'argument, tel qu'il s'est développé, n'est pas que religieux: il est largement utilisé dans le cadre de nos sociétés séculières. On ne sera donc pas surpris de constater que l'argument a donné naissance à de nombreuses écoles de pensée et à de multiples interprétations qui vont de la défense absolue de toucher à la vie à la responsabilité qu'a l'être humain de promouvoir la qualité de la vie sur terre. Edward Keyserlingk remarque:

> Si le principe du caractère sacré de la vie est probablement le concept le plus fondamental et le plus normatif de l'éthique et du droit, il est également l'un des plus mal définis. Sa signification, ses origines et sa valeur normative font l'objet d'un nombre considérable d'opinions diversifiées et incertaines. Il a depuis longtemps atteint le stade du principe «souverain» dans les débats. Il n'est jamais réfuté, mais rarement défini, et sert souvent de base à une argumentation émotive dans des contextes tout à fait variés[101].

En raison de l'origine religieuse de l'argument, je présenterai d'abord trois interprétations de nature théologique avant d'exposer le développement récent d'interprétations séculières. Je terminerai la section en montrant que, quelle que soit la nature de l'interprétation, religieuse ou séculière, s'y retrouvent deux tendances de fond, l'une absolue et l'autre plus relative.

---

101. KEYSERLINGK, Edward W., *Le caractère sacré de la vie ou la qualité de la vie* (Série «Protection de la vie»), Étude, Ottawa, Commission de réforme du droit du Canada, 1982, p. 3.

La vie a une valeur infinie

La première interprétation théologique trouve son inspiration dans le judaïsme et peut être résumée de la manière suivante: la vie a une valeur infinie. La communauté juive américaine connaît d'importants débats concernant l'interprétation du caractère sacré de la vie; quelques paragraphes y seront consacrés. Le grand rabbin Immanuel Jakobovits affirme que le judaïsme ne parle pas du caractère sacré de la vie humaine mais de sa valeur infinie[102]. L'expression «valeur infinie de la vie humaine» est largement utilisée chez de nombreux auteurs juifs, rabbins ou médecins, qui traitent de la fin de vie. Fred Rosner, qui est l'un des médecins juifs américains faisant autorité en éthique médicale, écrit que «l'éthique médicale juive est fondée sur le concept de l'infinie valeur de la vie humaine[103]».

L'interprétation signifie que chaque moment de la vie biologique de chaque membre de l'espèce humaine possède une valeur infinie. C'est dire que le médecin a la tâche de prolonger la vie aussi longtemps que possible. Certains auteurs juifs mettent en question l'interprétation matérialiste qui est faite du principe. Ils soutiennent qu'en pratique les médecins juifs ne suivent pas les règles établies par les rabbins orthodoxes car ces règles sont trop rigides:

> La croyance dans le caractère sacré de la vie [...] entre en opposition, par exemple, avec la plupart des récentes discussions sur la mort dans la dignité qui mettent l'accent sur l'autonomie du patient et sur la qualité de la vie plutôt que sur le caractère sacré de la vie.
>
> On est généralement d'opinion que le judaïsme traditionnel croit dans la doctrine du caractère sacré de la vie. [...] Mon intention n'est pas de soutenir que cette affirmation est fausse. Je veux montrer cependant que la croyance dans le caractère sacré de la vie, la croyance que la seule existence physique est dans le meilleur intérêt du patient

---

102. JAKOBOVITS, Immanuel, «Ethical Problems Regarding the Termination of Life», dans Levi MEIER, ed., *Jewish Values in Bioethics*, New York, Human Sciences Press, 1986, p. 87-88.

103. ROSNER, Fred, «The Patient-Physician Relationship: Responsibilities and Limitations» dans Levi MEIER, ed., *Jewish Values in Health and Medicine*, Lanham, MD., University Press of America, 1991, p. 95.

ou que la vie qui reste à vivre dans la douleur a une infinie valeur, n'est pas celle du judaïsme[104].

C'est dire qu'il y a divergence sur les conséquences pratiques de l'affirmation de la valeur infinie de la vie. La position de Baruch Brody fait voir l'importance pratique qu'a le principe de la valeur infinie de la vie. Entre autres, les tenants orthodoxes de la position de la valeur infinie de la vie soutiennent que le principe entraîne l'obligation pour le médecin de traiter et pour le malade de se faire traiter. Toute la question sera: jusqu'où va cette obligation? D'où les débats très vifs dans les cercles juifs sur l'arrêt de traitement, la prolongation, l'acharnement thérapeutique.

Pour mieux comprendre le sens du principe de la valeur infinie de la vie et les débats qu'il peut susciter, je voudrais mentionner deux autres éléments. Le premier est que chaque vie, quels que soient sa qualité, sa force ou son avenir est également valable. Cette affirmation a deux conséquences. La première est que le facteur déterminant dans l'approche des patients en phase terminale est que la vie humaine a une valeur inestimable et une importance suprême. Pour le judaïsme, chaque moment de la vie est sacré. La seconde conséquence est que chaque vie est également valable, de sorte que le médecin ne peut faire de distinction entre une personne et une autre:

> L'exigence de sauver les personnes physiquement ou mentalement handicapées abroge toute autre loi: il faut agir de la manière qu'on le fait pour des individus normaux et en santé. C'est pourquoi le devoir du médecin ne se termine pas au moment où il devient incapable de restaurer la santé perdue de son patient[105].

Le second élément est que Dieu est le maître de la vie. Nul n'a un droit sur la vie, celle des autres ou la sienne propre. S. Abraham Abraham résume bien une position qui a largement dépassé les frontières du judaïsme:

---

104. BRODY, Baruch, «A Historical Introduction to Jewish Casuistry on Suicide and Euthanasia», dans Baruch BRODY, ed., *Suicide and Euthanasia*, Dordrecht, Kluwer Academic Press, 1989, p. 39-40.

105. STEINBERG, Avraham, «Jewish Medical Ethics», dans Baruch A. BRODY et B. Andrew LUSTIG, ed., *Theological Developments in Bioethics: 1988-1990*, Dordrecht, Kluwer Academic Press, 1991, p. 190.

Nul n'a un droit de propriété sur son propre corps. Le Tout-Puissant a donné à chacun un corps et une âme pour un temps donné et notre devoir est de retourner à notre Créateur au temps voulu, tout comme quelqu'un est responsable de prendre soin d'un objet qui lui est prêté. Le droit d'intervenir sur la vie n'existe pas sauf s'il s'agit de prévenir sa destruction ou sa perte[106].

Cette conception du caractère sacré de la vie a eu une grande influence tout au cours de l'histoire de l'Occident et a marqué certaines positions chrétiennes dont sans doute celle de Jean-Paul II sur la caractère sacré de la vie.

La vie est sacrée parce que le Seigneur en est le maître absolu

Cette interprétation du caractère sacré de la vie est fortement proclamée par Jean-Paul II. À plusieurs reprises, le pape est revenu sur le lien entre sacralité de la vie et son appartenance absolue au Seigneur. Si ce thème parcourt l'encyclique *Evangelium Vitæ*, il était aussi présent dans l'instruction *Donum Vitæ* de la Congrégation pour la Doctrine de la foi (22 février 1987) et se trouve dans le *Catéchisme de l'Église catholique*. La pensée morale de Jean-Paul II est marquée par l'affirmation que Dieu est le maître absolu de la vie. Lors de la présentation concernant la métaphore *to play God*, nous avions déjà rencontré cette préoccupation du pape. Cette dernière est à nouveau présente pour rendre compte du caractère sacré de la vie: la vie est sacrée parce qu'elle appartient à Dieu. Voici deux textes éclairants à ce propos:

> La vie humaine est sacrée parce que, dès son origine, elle comporte «l'action créatrice de Dieu» et demeure pour toujours dans une relation spéciale avec le Créateur, son unique fin. Dieu seul est le Maître de la vie de son commencement à son terme: personne, en aucune circonstance, ne peut revendiquer pour soi le droit de détruire directement un être humain innocent[107].

---

106. ABRAHAM, S. Abraham, «Euthanasia», dans Fred ROSNER, ed., *Medicine and Jewish Law*, Northvale, NJ, J. Aronson Inc., 1990, p. 123-136.

107. Congrégation pour la Doctrine de la Foi, *Donum Vitæ*, 22 février 1987, dans *Textes du Magistère catholique* réunis et présentés par Patrick Verspieren, sous le titre *Biologie, médecine et éthique*, Paris, Le Centurion, 1987, p. 456.

Dieu se proclame Seigneur absolu de la vie de l'homme, formé à son image et à sa ressemblance (cf. *Gn* 1,26-28). Par conséquent, la vie humaine présente un caractère sacré et inviolable, dans lequel se reflète l'inviolabilité du Créateur[108].

Le commandement «Tu ne tueras pas» doit s'interpréter d'une manière absolue et permanente. Il appartient à la plus ancienne tradition de l'Église et, dès les premiers siècles, l'homicide faisait partie des trois péchés les plus graves — avec l'apostasie et l'adultère. Pourquoi, se demande Jean-Paul II, en est-il ainsi? Sa réponse est la suivante:

> Cela ne doit pas surprendre: tuer l'être humain, dans lequel l'image de Dieu est présente, est un péché d'une particulière gravité. *Seul Dieu est maître de la vie*[109].

La vie est sainte

La troisième et dernière interprétation d'ordre théologique que je veux exposer soutient que la vie n'est pas sacrée au sens d'un objet intouchable mais qu'elle est sainte, c'est-à-dire en relation avec Dieu. À ce propos, il est intéressant de noter qu'une expression comme «caractère sacré de la vie» ou «sainteté de la vie» ne se trouve nulle part dans la Bible hébraïque ou dans le Nouveau Testament[110]. Le peuple juif est un peuple saint et il est invité à être saint comme son Dieu. Bien que le Sabbat soit déclaré saint, la vie, elle, ne l'est pas. C'est sous d'autres formes que la tradition judéo-chrétienne exprime son grand respect de la vie. Le commandement «Tu ne tueras pas» est une manifestation de l'importance accordée au respect de la vie humaine.

Le respect de la vie humaine est reconnu dans le fait que Dieu entretient avec celle-ci une relation particulière. De fait, pour la foi

---

108. JEAN-PAUL II, *Evangelium Vitæ*, n° 53, p. 66.

109. JEAN-PAUL II, *Evangelium Vitæ*, n° 55, p. 67.

110. KASS, Leon R., «Death with Dignity and the Sanctity of Life», dans Jonathan D. MORENO, *Arguing Euthanasia*, New York, Simon & Schuster, 1995, p. 216; THÉVOZ, Jean-Marie, *Entre nos mains l'embryon. Recherche bioéthique*, Genève, Labor et Fides, 1990, p. 245- 246.

biblique, la vie est sainte parce qu'elle est la perfection de Dieu lui-même et qu'elle est son œuvre. «Dans le récit de création le plus ancien, la tradition jahviste, Dieu façonne de ses propres mains ce corps argileux dans lequel il insuffle de sa propre haleine la vie qui respire et circule[111].» Le Dieu vivant est le Dieu de tous les vivants. Toute vie participe à l'existence de cette vie de Dieu: «Dans la Bible, la vie est si fondamentale qu'elle est la perfection de Dieu lui-même. Dieu est vivant et vivifiant[112].»

La sainteté de la vie signifie que Dieu lui-même fonde cette vie. Une telle vision aboutit à un extrême respect de la vie. Celle-ci est à ce point aimée de Dieu qu'il la fait naître dans un environnement béni pour qu'elle puisse se développer. Le premier récit de la Création met particulièrement en relief cet aspect. À partir du chaos primitif où la terre était déserte et vide, et les ténèbres à la surface de l'abîme, toute l'action de Dieu consiste à créer un cadre qui permette à la vie, et particulièrement à la vie humaine, de se développer. Et tout au long de cet ouvrage progressif, on voit Dieu se réjouir de ce que l'univers devient plus beau: «Dieu vit que cela était bon.» Et quand l'homme et la femme furent créés et que toute la vie fut ordonnée, le texte conclut: «Dieu vit tout ce qu'il avait fait. Voilà, c'était très bon.» Ce respect de la vie dont Dieu chante la bonté est inséparable de la responsabilité de l'humanité de développer la vie en autant que cela est bon et possible pour cette vie même. Sainteté de la vie et qualité de la vie vont de pair. C'est du moins ce qu'ont compris les Églises chrétiennes qui ont toujours été préoccupées des pauvres et des malades.

La sainteté de la vie, telle qu'ici interprétée, conduit-elle à l'interdit de l'euthanasie? Beaucoup l'affirment, évoquant l'interdit du meurtre fondé sur la sainteté de la vie. Utiliser l'argument de la défense du meurtre «Tu ne tueras pas» pour s'opposer à l'euthanasie ne me paraît pas tout à fait conforme au sens même du commandement. D'une part, dans la pratique biblique elle-même, celui-ci n'est pas universel: en même temps, par exemple, qu'il donne le comman-

---

111. DUMAS, André, «Fondements bibliques d'une bioéthique», dans Le Supplément, Revue d'éthique et de théologie morale, 142, septembre 1982, p. 357.
112. DUMAS, dans Le Supplément, p. 356.

dement «Tu ne tueras pas», Dieu ordonne de mettre à mort les ennemis de son peuple comme la prise de Jéricho par Josué le démontre amplement (*Jos* 6,21). Il y a de nombreuses exceptions à l'interdit
du meurtre. D'autre part, le contexte des développements biomédicaux est tout autre que celui que vise l'interdit. Lorsqu'une personne
est prolongée indéfiniment et au-delà de ses forces morales, rendant
ainsi impossible une qualité minimale de vie, ne serait-ce pas servir
ses meilleurs intérêts que d'abréger sa vie à sa propre demande?
L'objectif ici visé est à l'inverse de celui qui conduit à interdire le
meurtre.

Dans le contexte qui vient d'être présenté, la vie n'est pas un
absolu mais un bien qui, par exemple, peut être sacrifié pour un bien
plus grand[113]. Tout au long de l'histoire, tant dans le christianisme
qu'en dehors de lui, des femmes et des hommes ont témoigné que les
idéaux qui les animaient étaient plus importants que leur propre vie.
Ils sont des martyrs et des héros que nous honorons. La grandeur de
la vie tient dans cette ouverture à plus qu'elle-même. Lorsque la vie
humaine est réduite à la seule condition biologique et qu'il ne lui est
pas possible d'entrer en relation avec soi-même, les autres et Dieu,
le christianisme affirme que les moyens qui prolongeraient la vie
n'ont pas à être utilisés. L'ensemble de la tradition chrétienne ne
croit cependant pas que le respect dû à la vie humaine puisse conduire à sa mise à mort. On entrevoit ici les difficultés qui peuvent se
poser dans le contexte médical contemporain.

Des interprétations séculières

Le cadre sécularisé de nos sociétés modernes rend-il caduc l'argument du caractère sacré de la vie? Les prochains paragraphes tente-
ront de répondre à cette question.

La première interprétation de nature séculière se nomme le vitalisme. Au plan médical, le vitalisme pourrait être défini comme une
théorie voulant que partout où il y a vie humaine, et quel que soit
l'état du patient ou ses désirs, il serait contraire au principe sacré de

---

113. McCormick, Richard A., «To Save or Let Die: The Dilemma of Modern
Medicine» dans *JAMA*, 229, 8 juillet 1974, 174-175.

la vie de cesser de la préserver ou d'intervenir dans son processus normal. Le théologien américain Richard McCormick fait remarquer que la volonté acharnée de faire survivre des nouveau-nés gravement handicapés ou de très petit poids au nom d'une médecine chargée de faire vivre une jeune vie quel qu'en soit le prix est du vitalisme. Dans ce sens, l'acharnement thérapeutique qui serait fondé sur l'argument du caractère sacré de la vie peut aussi être assimilé à du vitalisme. La médecine contemporaine a largement utilisé l'argument du caractère sacré de la vie pour fonder un grand nombre de prolongations inappropriées. Il y a alors un durcissement de l'argument théologique tel que compris par le catholicisme en particulier. En effet, la distinction proposée par Pie XII entre les moyens ordinaires et extraordinaires rendait impossible tout réductionnisme dans l'interprétation du caractère sacré de la vie[114].

Certains textes de Jean Rostand vont dans le sens du vitalisme:

> Quant à moi, je crois qu'il n'y a aucune vie, aussi dégénérée, avilie, détériorée ou appauvrie soit-elle, qui ne mérite d'être respectée et qui ne vaille d'être défendue avec zèle et conviction[115].

Une seconde interprétation peut être ainsi résumée: la vie mérite le plus grand respect parce qu'elle est la vie. Depuis la fin des années 1960 paraissent des ouvrages défendant cette position. Un texte qui a eu une grande influence à ce propos est celui d'Edward Keyserlingk, *Le caractère sacré de la vie ou la qualité de la vie*[116]. Keyserlingk s'était largement inspiré d'une étude publiée quelques

---

114. «Le devoir que l'homme a envers lui-même, envers Dieu, envers la communauté humaine [...] n'oblige habituellement qu'à l'emploi des moyens ordinaires, c'est-à-dire des moyens qui n'imposent aucune charge extraordinaire pour soi-même ou pour un autre. Une obligation plus sévère serait trop lourde pour la plupart des hommes et rendrait trop difficile l'acquisition de biens supérieurs plus importants.» (PIE XII, «Problèmes religieux et moraux de la réanimation», 1957, dans *Textes du Magistère catholique* réunis et présentés par Patrick Verspieren sous le titre *Biologie, médecine et éthique,* Paris, Le Centurion, 1987, p. 365-371)

115. ROSTAND, Jean, *Humanly Possible: A Biologist's Notes on the Future of Mankind,* New York, Saturday Review Press, 1973, cité par KEYSERLINGK, *Le caractère sacré de la vie ou la qualité de la vie,* p. 22.

116. KEYSERLINGK, *Le caractère sacré de la vie ou la qualité de la vie,* 231 p.

années auparavant mais beaucoup moins connue, celle de Daniel Callahan, *The Sanctity of Life*[117]. Ces deux auteurs ont démontré qu'il ne faut pas nécessairement être religieux pour admettre le caractère sacré de la vie. On parle maintenant d'un «sacré séculier» pour fonder cette interprétation[118]. Pourquoi en est-il ainsi?

La raison en serait l'expérience même de la vie qui est la plus fondamentale des expériences humaines. Le concept devient ainsi l'expression d'une intuition fondamentale «qui est à l'origine de l'inviolabilité de la vie» et qui «est reliée en quelque sorte, de façon intrinsèque et positive, au mystère qui entoure toute vie limitée[119]». Au plan moral, Albert Schweitzer en a tiré la conclusion que «le bien consiste à maintenir et à favoriser la vie, et le mal à la détruire et à lui faire obstacle[120]».

Ces dernières années, quelques auteurs ont repris le thème du caractère sacré de la vie dans un cadre séculier. Il y a, entre autres, Leon R. Kass, médecin et professeur à l'Université de Chicago, et le juriste et philosophe anglo-américain Ronald Dworkin.

La thèse de Kass consiste à soutenir que le caractère sacré de la vie humaine ne se tire pas d'un accord auquel nous parviendrions après délibération mais trouve son fondement absolu dans la dignité des êtres humains. Kass n'accepte pas non plus une interprétation utilitariste du précepte «Tu ne tueras pas» qui se fonderait sur le besoin de protéger la paix civile. La conséquence de telles interprétations est évidente: ces dernières seront à la merci des consensus élaborés selon les circonstances. Le caractère sacré de la vie repose sur la dignité de l'être humain, laquelle ne se limite pas à son intelligence et à ses facultés supérieures mais est inséparable de tout ce

---

117. CALLAHAN, Daniel, «The Sanctity of Life», dans D.R. CUTLER, ed., *The Religious Situation*, Boston, Beacon Press, 1968, p. 297-339.

118. SOMERVILLE, Margaret A., «Genetics, Reproductive Technologies, Euthanasia and the Search for a New Societal Paradigm», dans *Social Science and Medicine*, 42 (12), 1996, p. xii.

119. PENDENGAST, cité d'après KEYSERLINGK, *Le caractère sacré de la vie ou la qualité de la vie*, p. 19.

120 Le texte d'Albert Schweitzer est cité d'après BARTH, Karl, *Dogmatique*, vol. III, *La doctrine de la création*, t. 4, n° 2, Genève, Labor et Fides, 1965.

qui constitue la vie humaine comme le métabolisme, la digestion, la circulation, etc., ce que les Anciens appelaient le sang. Chez Kass, le caractère sacré de la vie humaine trouve sa source dans l'être humain lui-même[121]. C'est pourquoi l'auteur refuse une approche morale de l'euthanasie où le consentement du sujet transformerait la nature de l'acte et lui enlèverait sa dimension de violation. Le consentement à l'inceste évacue-t-il le caractère incestueux de l'acte? Devenir librement l'esclave d'un autre individu fait-il disparaître l'esclavage?

Dans *Life's Dominion*, Ronald Dworkin affirme: «Une de mes prétentions tout au long de ce livre a été de faire voir qu'il y a une interprétation séculière tout autant que religieuse de l'idée que la vie humaine est sacrée[122].» Le caractère sacré de la vie, écrit-il, est reconnu par à peu près tout le monde, bien que chacun l'explique différemment. Même si chaque être humain fonde le caractère sacré de la vie sur une source qui lui est propre, religieuse ou séculière, l'argument qui le fonde est essentiellement *religieux*: c'est un argument abstrait et de nature spirituelle concernant le sens, la nature et la valeur de la vie humaine[123]. Le véritable désaccord ne porte pas sur la reconnaissance ou non du caractère sacré de la vie mais sur la meilleure manière de l'honorer. Les uns considèrent que prolonger un individu en état végétatif permanent est dégradant plutôt que respectueux de la vie alors que les autres croient qu'une vie biologique est à ce point précieuse qu'elle mérite des efforts importants pour la préserver. Le désaccord est ici essentiellement d'ordre spirituel ou religieux et l'État n'a pas à imposer une décision puisque celle-ci concerne le sens de la vie de chaque individu.

Au Canada, dans l'affaire Sue Rodriguez, les juges de la majorité ont fondé sur le caractère sacré de la vie leur refus de déclarer invalide l'article de loi qui interdit l'aide au suicide. Le texte du

---

121. KASS, Leon R., «Death with Dignity and the Sanctity of Life», dans Jonathan D. MORENO, *Arguing Euthanasia*, New York, Simon & Schuster, 1995, p. 211-236.

122. DWORKIN, Ronald, *Life's Dominion An Argument about Abortion, Euthanasia, and Individual Freedom*, New York, Vantage Books, 1994, p. 195.

123. DWORKIN, Ronald , «Life is Sacred: That's the Easy Part», dans Jonathan D. MORENO, ed., *Arguing Euthanasia*, New York, Simon & Schuster, 1995, p. 249.

jugement fait explicitement référence à la position de Dworkin même si l'interprétation semble s'en distancier quelque peu, au moins en ce qui concerne le rôle de l'État. Le juge Sopinka qui a écrit la position de la majorité pose la question: en quel sens l'État est-il concerné par le caractère sacré de la vie? L'État, en édictant l'interdiction de l'aide au suicide, «vise à protéger la personne vulnérable qui, dans un moment de faiblesse, pourrait être incitée à se suicider»; il a donc mis de l'avant une politique qui vise à ne pas «dévaloriser la valeur de la vie humaine en permettant d'ôter la vie.» Comme il le note plus loin, l'article 241b) du Code criminel interdisant l'aide au suicide «vise en partie à dissuader les malades en phase terminale de choisir la mort plutôt que la vie[124].» Pour le juge Sopinka, ce choix n'est pas seulement d'ordre politique; il est «un élément de notre conception fondamentale du caractère sacré de la vie humaine[125]». Bon nombre de démocraties occidentales ont fait le même choix[126]. Dans le contexte canadien où la vie a un caractère sacré, il importe donc de promouvoir la vie autant qu'il est possible. Permettre l'aide au suicide pour les personnes malades et qui sont vulnérables ne respecterait pas ce principe. En effet, à ce propos, il n'existe pas de demi-mesure.

Comme le montrent les diverses interprétations présentées (voir le tableau 8), le caractère sacré de la vie peut être compris dans un sens absolu ou relatif. La double interprétation se trouve tant dans le courant religieux que séculier. Malgré les différences qui, en pratique, conduisent à des comportements contradictoires et incompréhensibles à l'autre courant, Marguerite Somerville fait remarquer que l'émergence d'un concept «sacré séculier» est de plus en plus acceptée, au moins à propos de la vie en général. Et elle ajoute:

---

124. Cour suprême du Canada, *Rodriguez c. Colombie-Britannique*, 1993, les motifs du juge Sopinka, p. 41.

125. Cour suprême du Canada, *Rodriguez c. Colombie-Britannique*, 1993, les motifs du juge Sopinka, p. 18.

126. Cour suprême du Canada, *Rodriguez c. Colombie-Britannique*, 1993, les motifs du juge Sopinka, p. 30.

Cette tendance indique, d'une façon quelque peu paradoxale, que la spécificité du caractère sacré de la vie humaine pourrait être redécouverte à travers la redécouverte du caractère sacré de la vie en général[127].

Tableau 8
LE CARACTÈRE SACRÉ DE LA VIE

Vision	religieuse	séculière
Fondement	La relation de la vie à Dieu (deux orientations).	Deux fondements:
	a) Le Seigneur est le maître absolu de la vie.	1. La vie est l'expérience humaine la plus fondamentale.
	b) Toute vie humaine participe à l'existence de Dieu.	2. L'être humain lui-même.
Formes	1. To play God.	1. Le vitalisme
d'expression	2. La vie a une valeur infinie.	2. Le respect de la vie s'exprime de bien des façons selon les sensibilités morales.
	3. La vie humaine est sacrée.	3. Inviolabilité de la vie humaine en raison de sa dignité.

La vie est don de Dieu

Le troisième argument affirme que l'euthanasie est inacceptable parce que la vie est un don de Dieu et que dans ce sens elle ne nous appartient pas. Pour pouvoir évaluer cette position, il importe d'abord de la présenter. La première remarque que je voudrais faire à ce propos concerne la primauté de l'argument en christianisme. La seconde a trait au sens de l'expression. Concernant la première remarque, beaucoup de croyants trouvent ici leur argument fondamental pour s'opposer à toute forme d'euthanasie. Ainsi en est-il de la Congrégation pour la Doctrine de la Foi dans son document sur l'euthanasie de mai 1980:

---

127. SOMERVILLE, *Social Science and Medicine*, p. xii.

Si la plupart des hommes estiment que la vie a un caractère sacré et que chacun ne peut en disposer à sa guise, les croyants y voient plus encore un don de l'amour de Dieu, qu'ils ont la responsabilité de conserver et de faire fructifier[128].

Cet argument, à la différence de celui prônant le caractère sacré de la vie, est spécifique au christianisme: il n'a pas son pendant séculier. Quel est le sens de l'expression? Comme je l'ai indiqué au moment où il a été question de l'approche biblique de la vie sainte, la vie humaine est particulièrement bonne aux yeux de Dieu. Les deux récits de la création concordent sur ce point. De là l'affirmation chrétienne selon laquelle la vie est un bien fondamental donné par Dieu. Le don de la vie que le Seigneur offre à l'être humain est une participation à sa propre vie puisqu'il est créé à son image. Dans ce sens, la vie «n'est pas un simple phénomène, un fait brut, un destin, et encore moins un malheur suspendu sur nos têtes[129]», elle est un don et comme tout don, elle doit donc être accueillie avec respect et gratitude. D'où l'affirmation de Barth:

Le bienfait de la vie est un don, un bien que Dieu prête à l'homme sans que ce dernier l'ait mérité. Le fait qu'il est permis à un homme de vivre devra être tenu chaque fois comme un acte de confiance accompli par Dieu. Et la question éthique fondamentale est ici la suivante: comment l'homme répondra-t-il à la confiance qui lui est faite[130]?

C'est donc dans ce contexte que doit être interprété le commandement «Tu ne tueras pas». Le commandement du Seigneur est le signe que la vie est une valeur à respecter puisqu'elle est l'œuvre de Yahvé. Si le commandement s'exprime en termes négatifs et pose une limite à ne pas franchir, son sens n'est cependant pas limitatif. C'est du moins ce qu'affirme l'Évangile[131]. Quelqu'un n'a pas satis-

---

128. Congrégation pour la Doctrine de la Foi, «Déclaration sur l'euthanasie», 21 août 1980, dans *Textes du Magistère catholique* réunis et présentés par Patrick Verspieren, sous le titre *Biologie, médecine et éthique,* Paris, Le Centurion, 1987, p. 416.

129. BARTH, *Dogmatique,* p. 60.

130. BARTH, *Dogmatique,* p. 15.

131. «Vous avez appris qu'il a été dit aux anciens: *Tu ne commettras pas de meurtre;* celui qui commettra un meurtre en répondra au tribunal. Et moi je vous dis:

fait au respect de la vie de son frère puisque se mettre en colère contre lui est assimilé au meurtre. La vie est un bien donné par le Seigneur et que chacun doit chercher à ne jamais réduire mais à promouvoir. C'est tout le thème de la Loi nouvelle que Thomas d'Aquin a mis en relief dans son traité sur la Loi[132]. Karl Barth a aussi de beaux passages sur la question qui mettent en relief que le commandement n'a pas qu'une portée négative. *Evangelium Vitæ* de Jean-Paul II reprend aussi le même thème.

La vie comme don de Dieu est une croyance fondamentale de la tradition judéo-chrétienne. L'expression cependant se prête à différentes interprétations selon, entre autres, le sens que le mot «don» recevra. Deux compréhensions du don sont éclairantes pour cerner les enjeux des débats actuels.

Le don peut être perçu comme un objet que quelqu'un reçoit en cadeau et dont il devient propriétaire. Si la vie est un don de Dieu, la personne qui l'a reçue ne peut-elle pas agir selon son bon plaisir? Le suicide et l'euthanasie paraissent ici possibles; il y aurait même contradiction à lier ensemble la vie comme don de Dieu et la non-maîtrise humaine sur elle. Dieu fait-il ou non cadeau de cette vie? Cette première interprétation ne donne pas de place à la reconnaissance à l'égard du donateur, mettant plutôt l'accent sur le droit de propriété acquis par le don.

Une autre vision existe; elle met en valeur le rapprochement entre les personnes que le don unit. Celui-ci devient source d'une relation plus profonde entre deux êtres. Deux personnes deviennent liées et ne veulent surtout pas détruire cette alliance que le don a permis de développer. Le cadeau offert n'est pas un avoir dont dispose à sa guise le receveur mais une relation qu'il cultive avec grand soin. Cette interprétation, d'origine sémite, est fondamentalement celle du croyant; elle est une promesse d'alliance. En tant que don de Dieu, la vie est une tâche à faire grandir et une espérance à poursuivre dans la fidélité.

---

quiconque se met en colère contre son frère en répondra au tribunal; celui qui dira à son frère "imbécile" sera justifiable du sanhédrin; celui qui dira "fou" sera passible de la géhenne du feu.» (*Mt* 5,21-22)

132. Thomas d'Aquin, *Summa Theologica*, Ia Iae, q. 106-108.

La seconde interprétation libère d'une lecture légaliste de la relation de la personne à Dieu. Dans ce contexte, le suicide et l'euthanasie ne sont pas d'abord défendus. De fait, la Bible fournit quelques exemples de suicide et ne l'interdit jamais explicitement. De plus, la vie comme don de Dieu ne peut être séparée de la responsabilité humaine d'en prendre charge. Cela pourrait donc signifier qu'en certaines circonstances un terme y soit mis. Il me semble cependant qu'à l'intérieur de la tradition chrétienne de tels gestes, sauf situations exceptionnelles, ne peuvent faire sens. Il y a, en effet, la valorisation de la vie comme alliance et relation. Ce serait la perspective de l'Ancien Testament. De plus, ces gestes tendent à nier l'espérance que la mort et la résurrection de Jésus apportent au chrétien au cœur même de l'échec.

Remarques finales

En conclusion de ce troisième chapitre, deux points méritent d'être mentionnés. Les arguments théologiques, premier point, ont joué un rôle déterminant pour orienter le débat sur l'euthanasie. L'un d'entre eux continue d'ailleurs à occuper une place de premier plan, même dans un monde sécularisé. Ces arguments, tant dans leur facture théologique que séculière, font valoir l'importance que revêt la vie. En particulier, les arguments théologiques nous invitent à un profond respect de la vie qui cherche à s'exprimer dans chacune des personnes humaines. La vie est un bien que nous avons la responsabilité de respecter et de faire grandir. La tâche humaine est de la promouvoir, non de la détruire. Ces arguments ne me paraissent cependant pas décisifs pour s'opposer à tout geste d'euthanasie ou d'aide médicale au suicide dans le contexte contemporain. Ils nous questionnent cependant sur la manière dont aujourd'hui nous respectons la vie des personnes qui sont atteintes par la maladie et qui souffrent. Comment accueillir et promouvoir la vie lorsque son mode d'existence se réduit à la dégénérescence et à la souffrance? Telle est la question fondamentale à laquelle nous sommes confrontés. La théologie ne peut se satisfaire de dire non à l'euthanasie.

En deuxième lieu, il importe de mentionner que les deux derniers arguments examinés dans ce chapitre — le caractère sacré de la vie et la vie don de Dieu — sont prégnants de toute une vision de l'être humain: il y a dans la vie qui est la nôtre quelque chose de plus grand que nous-mêmes. C'est pourquoi la vie demande à être profondément et concrètement respectée. Quelles formes doit prendre ce respect? Le dernier chapitre consacré à la contribution de la théologie au débat sur l'euthanasie cherchera à répondre à cette question.

CHAPITRE 4

LES ARGUMENTS DE LA MODERNITÉ:
AUTONOMIE ET QUALITÉ DE LA VIE

Le débat sur l'avortement a marqué les années 1960 et 1970 et, depuis, un fossé s'est creusé entre les tenants et les opposants. Les pro-choix et les pro-vie continuent de se dresser les uns contre les autres autant en Amérique qu'en Europe. L'opposition est telle qu'on ne voit pas comment le conflit peut être résolu. Les arguments en faveur de l'avortement sont de la même famille que ceux avancés pour libéraliser l'euthanasie et les arguments opposés ressemblent à ceux utilisés pour contrer une telle démarche. Le débat conduira-t-il à la même impasse sociale?

Les arguments favorables sont de deux ordres: la libre disposition de soi-même et la qualité de la vie. Ils prennent le contre-pied de l'argumentaire qui, pendant longtemps, s'était imposé: la vie appartient à Dieu et la vie a un caractère sacré. À l'opposé de ces derniers arguments, les premiers sont proprement modernes, certains ajouteraient peut-être post-modernes. Jusqu'à tout récemment, les pouvoirs, tant civils que religieux, n'avaient guère été sensibles à ces thèses qui affirment que l'individu est le maître de sa destinée et que l'appréciation de la vie est une affaire personnelle. De telles positions vont à l'encontre des différentes autorités qui cherchent à contrôler l'individu. Elles expriment la modernité et la sécularité, les deux termes étant historiquement liés. Une réflexion sur l'euthanasie ne peut donc passer à côté de cette dimension spécifiquement moderne.

La première partie du chapitre abordera le thème de l'autonomie, qui est central dans les discussions bioéthiques contemporaines. Pour plusieurs auteurs, il en est même le principe fondateur. Le thème lui-même sera d'abord présenté. En deuxième lieu, il sera question de l'utilisation du principe eu égard à l'euthanasie. Dans la deuxième partie du chapitre, je m'intéresserai à la question de la qualité de la vie. Si l'autonomie est principe fondateur, la qualité de la vie est la valeur qui donne sens à l'existence. La préoccupation de la qualité de la vie, souvent entendue au sens d'absence de souffrance, me paraît, ces années-ci, orienter les prises de décision concernant la vie et la mort.

Euthanasie et autonomie

Le développement de la bioéthique devait-il conduire à la libéralisation de l'euthanasie? La prépondérance accordée au principe d'autonomie, à partir des années 1960, le laisse à penser. Le procès de Nuremberg condamnant la médecine nazie, la révélation des scandales en recherche biomédicale américaine dans les années 1960 et la perte de confiance dans les professionnels de la santé en raison du pouvoir qu'ils s'arrogent sur leurs patients sont quelques-uns des facteurs expliquant pourquoi l'autonomie a peu à peu succédé au paternalisme comme fondement de la relation médecin-patient. L'aide médicale au suicide et l'euthanasie s'inscrivent dans ce cadre nouveau, comme il a été montré au deuxième chapitre. Le concept d'autonomie est devenu central en bioéthique; il importe donc de le préciser et d'en dégager les points principaux.

Le sens du concept[133]

Même si le concept d'autonomie est universellement utilisé en bioéthique, il est loin d'être univoque; il est interprété de diverses façons. Même aux États-Unis où le mot est la pierre angulaire de l'entreprise, on ne s'entend pas sur le sens à lui reconnaître. Pour les uns, ainsi en est-il du *Belmont Report*, l'autonomie est le signe du respect de la personne qui «comprend au moins deux principes d'éthique

---

133. Les paragraphes de cette section s'inspirent librement de DOUCET, Hubert, *Au pays de la bioéthique*, Genève, Labor et Fides, 1996, p. 65-70.

fondamentaux: premièrement, les individus doivent être traités comme des agents autonomes et, deuxièmement, les personnes dont l'autonomie est diminuée ont le droit d'être protégées[134].» Cette vision découle de la critique des pratiques expérimentales utilisant les sujets humains. Un autre sens existe: Laurence McCullough et Stephen Wear le définissent comme le droit d'être protégé contre des décisions qu'une autorité impose de son propre chef[135]. L'opposition au paternalisme explique la nature négative de cette définition. Un troisième sens affirme que le système de santé doit répondre positivement à chaque désir ou demande d'un patient[136].

Beaucoup d'auteurs et de manuels interprètent le concept d'autonomie utilisé en bioéthique dans la perspective de Kant. D'autres le relient à Mill en raison de la place que ce philosophe donne aux choix individuels. Tous les *textbooks* américains font référence à ces deux auteurs[137]. Tristram Engelhardt, dans *The Foundations of Bioethics,* fonde la bioéthique sur la vision kantienne de l'autonomie[138]. Le contexte à l'origine de la bioéthique explique bien

---

134. National Commission for the Protection of Human Subjects of Biomedical and Behavioral Research, «Le Rapport Belmont. Principes d'éthique et lignes directrices pour la recherche faisant appel à des sujets humains», dans *Médecine et expérimentation*, Cahiers de bioéthique 4, Québec, Presses de l'Université Laval, 1982, p. 236.

135. McCullough, Lawrence B. et Wear, Stephen, «Respect for Autonomy and Medical Paternalism Reconsidered» dans *Theoretical Medicine*, 6, 1985, p. 296.

136. Daniels, Norman, *Am I My Parents' Keeper? An Essay on Justice Between the Young and the Old*, New York, Oxford University Press, 1988, 194 p.

137. Brody, Baruch A., «Applied Ethics: Don't Change the Subject», dans B. Hoffmaster, B. Freedman et G. Fraser, ed., *Clinical Ethics: Theory and Practice*, Clinton, NJ, Humana Press, 1989 p. 17-55; Brody, Baruch A. et Engelhardt, Tristram H., ed., *Bioethics: Readings and Cases*, Englewoods Cliffs, Prentice-Hall, 1987, p. 3-41; Edwards, R. B. et Graber, G., *Bio-Ethics*, San Diego, Harcourt Brace Jovanovich, 1988, p. 1-28; Gorovitz, Samuel, *Moral Problems in Medicine*, Englewood Cliffs, Prentice-Hall, 1976, p. 17-52; Mappes, T.A et Zambati, J.S., ed., *Biomedical Ethics*, New York, McGraw-Hill Books, 1981, p. 19-43; Munson, R., ed., *Intervention and Reflection: Basic Issues in Medical Ethics,* Belmont, CA, Wadsworth Publishing Co., 1979, p. 1-39.

138. Engelhardt, Tristram H., *The Foundations of Bioethics*, New York, Oxford University Press, 1986, p. 68-71.

la place accordée à ces deux philosophes. Malgré des différences considérables entre leurs pensées, Kant et Mill sont habités par une préoccupation commune: secouer le joug des autorités et des institutions qui exercent leur contrôle sur les individus en raison du fait que ces derniers possèdent une valeur indépendante des sociétés dans lesquelles ils vivent, des cultures qui les ont vu naître et, évidemment, des circonstances. Un autre philosophe est habituellement passé sous silence: son influence réelle en ce qui regarde le sens du concept est peut-être pourtant plus considérable encore. Il s'agit de John Locke. Le médecin ou le chercheur n'est-il pas comparable au souverain qui décide pour ses sujets mais qui ne comprend pas leurs meilleurs intérêts et, s'il les comprenait, ne les protégerait pas puisqu'il donne priorité aux siens propres[139]? Le philosophe anglais rejoint directement la vision pragmatique américaine de l'autonomie et que viennent confirmer règlements administratifs, textes législatifs et jugements de cours. Il était, en effet, préoccupé de protéger les droits de l'individu contre les interventions de l'État. L'autonomie que privilégie la bioéthique américaine est identique à la liberté négative du libéralisme classique, c'est-à-dire protéger l'individu contre l'intervention des autres[140].

Ce rappel de certains philosophes qui influencent la vision moderne de l'autonomie éclaire la pratique américaine du droit à l'autonomie. Les États-Unis se sont donné le *Bill of Rights* et différents moyens légaux pour affirmer la souveraineté de l'individu et le protéger du contrôle indu de l'État ou des autres. La conception morale de l'État libéral dont les États-Unis représentent le modèle idéal donne priorité au droit des citoyens de choisir leur conception particulière de la vie, la seule limite étant l'empiètement sur la liberté des autres. Le citoyen s'appartient. Si le thème du respect de l'autonomie est devenu central en bioéthique et qu'il occupe presque tout l'espace de la prise de décision, ce n'est pas seulement en raison du fait que les philosophes prennent une part de plus en plus active à

---

139. McCULLOUGH et WEAR, dans *Theoretical Medicine*, p. 301.

140. BRENNAN, Trennan, *Just Doctoring Medical Ethics in the Liberal State*, Berkeley, University of California Press, 1991, p. 3-4.

l'entreprise mais surtout parce que l'appareil juridique américain l'a reconnu.

Dès les années 1950, les cours américaines commencèrent à reconnaître que le principe de l'individu comme maître de sa vie et de ses décisions devait s'étendre au domaine de la relation médecins-patients. En statuant que le domaine médical ne faisait pas exception à la règle générale de l'autonomie de la personne, le pouvoir judiciaire transformait la pratique des soins de santé. Si le cas Karen Quinlan dans les années 1970 est le plus cité pour montrer le rôle déterminant des tribunaux dans l'évolution des pratiques médicales, c'est la décision de la Cour suprême du Kansas qui fut en 1960 le point de départ du changement de perspective. Dans le cas *Kline contre Natanson*, Mme Natanson, qui avait subi des brûlures sévères au sein suite à un traitement au cobalt en vue de prévenir le retour des métastases après une mammectomie, porta plainte contre M. Kline, son médecin. Celui-ci ne l'avait pas suffisamment informée des risques de ce type d'intervention de sorte qu'elle n'avait pu prendre une décision en toute connaissance de cause. La cour donna raison à Mme Natanson en se fondant sur le droit anglo-américain. Le juge Schroeder affirmait que «le droit anglo-américain repose sur la prémisse d'une complète autodétermination. La conséquence en est que chaque homme doit être considéré comme maître de son corps et, s'il est sain d'esprit, peut expressément refuser une thérapie qui sauverait sa vie, ou tout autre traitement médical[141].» Cette vision légale du concept d'autonomie permet au témoin de Jéhovah adulte de refuser une transfusion sanguine qui lui sauverait la vie[142].

Si les critiques de cette position ne manquent pas, il ne faut cependant pas voir le droit américain comme unique. L'ensemble du droit moderne va dans cette direction. Les chartes des droits, qui sont nées avec le XVIIIe siècle et se sont multipliées depuis, témoignent de l'importance accordée à la primauté de l'individu. Les Européens

---

141. KATZ, Jay, *The Silent World of Doctor and Patient*, New York, The Free Press, 1984, p. 66.

142. BEAUCHAMP, Tom L. et McCULLOUGH, Lawrence B., *Medical Ethics: The Moral Responsibility of Physicians*, Englewood Cliffs, NJ., Prentice-Hall Inc., 1984, p. 43.

parlent davantage des droits de l'Homme pour reconnaître l'inviolabilité de la personne[143]. Il est remarquable de voir que le livre *Les mots de la bioéthique*, publié sous la direction de Gilbert Hottois et Marie-Hélène Parizeau, n'a pas d'entrée *autonomie* ou *autodétermination*, même si ces mots se trouvent dans plusieurs contributions. S'y retrouvent cependant de nombreuses entrées consacrées aux différents droits de l'individu. Si les sensibilités culturelles peuvent manifester des différences d'accents, le thème de l'autonomie se retrouve aussi bien dans l'entreprise bioéthique européenne qu'américaine.

Un deuxième élément caractérise le sens de l'autonomie telle qu'utilisée en bioéthique. Si les documents issus des commissions gouvernementales parlent du respect de l'autonomie des personnes, au sens où «une personne autonome est une personne capable de réfléchir sur ses objectifs personnels et de décider par elle-même d'agir conformément à cette réflexion[144]», leur intérêt pratique porte surtout sur les conditions qui permettent des décisions autonomes. Comme le notent les auteurs de *Principles of Biomedical Ethics*, «consents and refusals are actions, not persons[145]». Les actions autonomes ne sont-elles pas le fait de personnes autonomes? Mais qu'est-ce qu'une personne autonome? Si les critères de reconnaissance sont trop exigeants et représentent plutôt un idéal, qui passera le test de l'autonomie? Si les critères ne sont pas assez élevés, les choix des patients n'apparaîtront-ils pas souvent irrationnels au jugement des spécialistes? On sait les frustrations que certaines demandes des patients entraînent parfois dans les milieux de santé. Ces demandes sont alors considérées farfelues ou futiles.

---

143. FUCHS, Eric, «Droits de l'homme et éthique médicale», dans *Le Supplément*, n° 170, septembre 1989, p. 95-102.

144. La Commission de réforme du droit du Canada est allée dans la même direction que la National Commission dans son document de travail sur l'expérimentation humaine. Commission de Réforme du Droit du Canada, *L'expérimentation biomédicale sur l'être humain* (série «Protection de la vie, Document de travail»), Ottawa, 1989, p. 3; National Commission, «Le Rapport Belmont», dans *Médecine et expérimentation*, p. 237.

145. BEAUCHAMP, Tom L. et CHILDRESS, James F., *Principles of Biomedical Ethics*, 3ᵉ éd., New York, Oxford University Press, 1989, p. 68.

En pratique, les milieux juridiques et médicaux ne cherchent pas tant à déterminer la qualité d'autonomie de la personne qu'à vérifier son aptitude à prendre, dans les circonstances, une décision de nature médicale. Si la personne est jugée apte, elle ne doit pas être soumise au contrôle d'agents extérieurs. Le respect de l'autonomie du patient a donc une face négative. Mais il a aussi une face positive car, si le patient est jugé compétent, le professionnel doit agir de manière à favoriser le consentement éclairé du patient. Cette vision de l'autonomie, conforme à l'esprit du droit moderne, est au fondement de la position qui soutient qu'il faut respecter la demande d'aide au suicide et d'euthanasie lorsqu'elle provient d'un individu apte à décider.

Être maître de sa vie, c'est aussi contrôler sa mort

Le principe d'autonomie qui s'est imposé en bioéthique a eu pour conséquence de mettre en cause le contrôle que la médecine exerçait sur l'être humain puisque le patient, désaliéné par rapport au pouvoir médical, peut maintenant s'autodéterminer, comme il le faisait déjà dans les autres secteurs de son existence. La médecine est ainsi entrée dans l'ère moderne, entraînant une nouvelle interprétation de l'euthanasie et de l'aide médicale au suicide. Non seulement les humains cherchent-ils à maîtriser la nature, donc le développement de la vie, mais de plus, l'individu poursuit le projet de diriger sa propre destinée. Dans le premier cas, la science joue un rôle déterminant: nous retrouvons ici le projet de Francis Bacon dont il a été question au deuxième chapitre. Sous cet angle, la médecine avait paradoxalement évincé l'individu de sa responsabilité à l'égard de lui-même: la science en prenait totalement charge. C'est, en grande partie, pour contrecarrer cette tendance que le droit à la mort connaît aujourd'hui un tel intérêt. Il est né en réaction à la révolution biologique et médicale qui exclut l'être humain de sa mort[146]. Comme le note Jane Boyajian:

---

146. SARDA, François, *Le droit de mourir et le droit de vivre*, Paris, Éditions du Seuil, 1975, p. 11.

Nous avons peu à peu pris conscience que dans notre service institu-tionnel à l'égard des autres nous oublions parfois que c'est du *corps de quelqu'un d'autre* dont nous prenons soin. Quelle que soit la valeur de notre intention, nous avons usurpé le droit des patients ou des clients à choisir ce qui devrait ou ne devrait pas arriver à leurs corps[147].

La critique de l'auteure manifeste une autre face de la moder-nité, celle de l'individu qui détermine sa propre histoire. L'émer-gence du sujet comme créateur n'entraîne-t-elle pas la liberté à l'égard de la vie et de la mort? Dans l'histoire de l'Occident, les deux dimensions, celle de la raison et celle de l'individu, sont souvent apparues opposées l'une à l'autre, au point qu'on a dit de la première qu'elle caractérisait la modernité et de la seconde qu'elle décrivait la post-modernité. Aux dires d'Alain Touraine, dans *Critique de la modernité*, «il n'y a pas une figure unique de la modernité. Mais deux figures tournées l'une vers l'autre et dont le dialogue constitue la modernité: la *rationalisation* et la *subjectivation*[148].»

L'euthanasie et l'aide médicale au suicide peuvent être vues comme des conséquences naturelles de la *subjectivation*. Deux as-pects doivent être mis en relief. Premièrement, le thème du droit à la mort appartient à cette dynamique moderne. Deuxièmement, la subjectivation s'inscrit dans le cadre du désenchantement du monde, ce qui conduit à ne pas interpréter la vie et la mort selon le seul modèle divin interprété par les institutions religieuses.

Ce n'est pas d'aujourd'hui qu'on proclame le droit à la mort. Déjà, à l'époque des Lumières, il s'inscrit dans le cadre des droits humains, à côté du droit à la vie ou à la liberté. Les Encyclopédistes considéraient le suicide comme l'un des droits les plus fondamentaux de l'homme. Dans son histoire du suicide, Albert Bayet a souligné la place qu'il occupait en tant qu'affirmation de la liberté humaine[149].

---

147. BOYAJIAN, Jane D., «On Reaching a New Agenda», dans James E. THORNTON et Earl R. WINKLER, ed., *Ethics and Aging: The Right to Live, the Right to Die*, Vancouver, University of British University Press, 1988, p. 19.

148. TOURAINE, Alain, *Critique de la modernité* (Le Livre de Poche), Paris, Fayard, 1995, p. 265.

149. BAYET, Albert, *Le suicide et la morale*, Paris, Félix Arcand, 1922, p. 650-660.

Cette prise de position allait à l'encontre de celle des Églises, principalement du catholicisme. Jusqu'à récemment, en Europe tout au moins, la principale force derrière la reconnaissance sociale de l'euthanasie était le mouvement humaniste. S'il a été popularisé dans la mouvance des développements biomédicaux conduisant à l'acharnement thérapeutique, le thème du droit de mourir tire son sens du fait que la modernité a donné à l'être humain le pouvoir sur sa vie. L'euthanasie et l'aide médicale au suicide sont l'affirmation d'une liberté. Elles témoignent que les conduites humaines sont réglées par la conscience et mettent ainsi en cause des systèmes sociaux et religieux qui voudraient contrôler la vie privée et les choix individuels. En effet, «comment peut-on se dire libre et maître de son destin si l'on ne peut éviter la déchéance, sinon par un suicide solitaire, préparé en secret et dont l'issue n'est jamais certaine[150]?» Si, dans la société traditionnelle, l'homme est soumis à des forces supérieures sur lesquelles il n'a pas de prise et que la morale consiste à se conformer au commandement divin qui donne sens à la vie, l'individu moderne est liberté, c'est-à-dire qu'il fonde ses valeurs et exerce le contrôle sur ses actions. Il est l'auteur de sa propre morale et s'oppose à toutes les formes de contrôle. En ce qui touche la fin de la vie:

> Par respect et amour de son prochain, personne ne devrait imposer à autrui des règles qui ne sont pas les siennes dans un domaine si personnel. Chaque conviction est respectable et le choix de chacun doit être respecté[151].

L'expression «droit de mourir»

L'expression «droit de mourir» apparaît pour la première fois en Angleterre en 1873[152]. Jusqu'au début des années 1950, à peine une quinzaine d'articles furent publiés sur ce thème. En 1951, avec la

---

150. LANDA, Michel, «Un droit», dans L'admd..., Paris, Association pour le Doit de Mourir dans la Dignité, 1984, p. 10.

151. BURGERMEISTER, Gentiane, «Mourir dans la dignité: un droit ou une utopie?», dans Les cahiers médico-sociaux, 29 (3), 1985, p. 180.

publication dans *Theology Today* d'un article de Joseph Fletcher intitulé «Our Right to Die», l'expression fit son entrée dans la littérature théologique[153]. En 1954, le même auteur publia *Morals and Medicine* qui annonçait les grands thèmes bioéthiques de la décade suivante, mettait en cause l'approche classique de la théologie morale et proposait une approche personnaliste fondée sur l'autodétermination de l'individu[154]. Il y affirmait:

> En s'appuyant sur des fondements personnalistes, nous pouvons dire que l'euthanasie soulève moins de question morale [que l'avortement] puisque le choix d'une mort humaine est faite en coopération avec la personne dont l'intégrité est détruite par la désintégration, alors que l'embryon, dans le cas d'un avortement thérapeutique, [...] ne peut exercer les qualités morales de liberté et de savoir[155].

Depuis lors, les écrits sur ce thème se sont multipliés au point que l'expression est maintenant reconnue. Elle est aujourd'hui acceptée, même par des auteurs qui s'opposent à l'euthanasie[156]. Dans sa *Déclaration* de mai 1980, la Congrégation pour la Doctrine de la Foi

---

152. «Mr. Tollemache on the Right to Die», *Spectator* 46, 1873, p. 206. Cité d'après LOGAN, James P., *The «Right to Die» and the Language of Christian Personalist Ethics*, Ann Arbor, Mich., University Microfilms International, 1977, p. 14.

153. FLETCHER, Joseph, «Our Right to Die», dans *Theology Today*, VIII (2), mai 1951, p. 202-212.

154. FLETCHER, Joseph, *Morals and Medicine: The Moral Problems of the Patient's Right to Know the Truth, Contraception, Artificial Insemination, Sterilization, Euthanasia*, Princeton, Princeton University Press, 1979, 2ᵉ ed., 243 p.

155. FLETCHER, *Morals and Medicine*, p. 205.

156. SPORKEN, Paul, *Le droit de mourir; thérapeutique et euthanasie*, traduction du néerlandais, Paris, Desclée de Brouwer, 1974, 174 p.; SARDA, *Le droit de mourir et le droit de vivre*, 252 p.; BAUDOIN, Jean-Louis, «Le droit à la mort et le droit des mourants», dans Jacques DUFRESNE, dir., *Le chant du cygne*, Montréal, Éditions du Méridien, 1992, p. 279-292; BAUDOIN, Jean-Louis et BLONDEAU, Danielle, *Éthique de la mort et droit à la mort*, Paris, Presses universitaires de France, 1993, p. 127.

157. Congrégation pour la Doctrine de la Foi, «Déclaration sur l'euthanasie», mai 1980, dans *Textes du Magistère catholique* réunis et présentés par Patrick Verspieren, sous le titre de *Biologie, médecine et éthique*, Paris, Le Centurion, 1987, p. 419.

LES ARGUMENTS DE LA MODERNITÉ

utilise l'expression[157]. En regardant l'histoire de son développement dans deux pays de langue anglaise, la Grande-Bretagne et les États-Unis, on se rend compte que la formule a connu un cheminement remarquable mais différent, faisant ainsi voir une intéressante diversité culturelle.

Aux États-Unis, le terme est entré dans le vocabulaire populaire à partir des jugements des tribunaux déclarant légal, à l'encontre de la position médicale, le fait de refuser, pour des motifs religieux, des traitements que la majorité de la population considérait comme normaux. Il s'agissait, en particulier, des témoins de Jéhovah refusant des transfusions sanguines capables de sauver des vies. Le contexte est donc médical. Des commentateurs et des journalistes utilisèrent le terme *right to die* pour rendre compte des choix des patients de ne pas recevoir des soins que plusieurs considéraient requis[158]. Le terme fit rapidement fortune, signe du malaise de la population à l'égard des prolongements imposés par le corps médical au nom du caractère sacré de la vie. Bientôt l'*Euthanasia Educational Council* trouva profitable de changer son nom en celui de *Society for the Right to Die*. L'*Euthanasia News* de la société ajoutait en février 1975:

> L'expérience a montré que les parlementaires et les avocats aiment recevoir de l'information sur «mourir avec dignité» mais s'objectent à en recevoir de la part d'un organisme qui a le mot «euthanasie» dans son nom[159].

Liée à l'expression «le droit à la mort», naissait une autre expression qui, elle aussi, allait s'imposer: «la mort avec dignité». Peu à peu, les différents États américains établirent des législations souvent baptisées *right to die legislation* et qui avaient comme principal objectif de légaliser le testament de vie, c'est-à-dire de reconnaître la volonté du patient de ne pas recevoir les soins qu'il refusait même s'ils prolongeaient sa vie. C'est ainsi qu'en 1976 la Californie fut le premier État à proclamer un droit à la mort.

Quelques remarques sur l'utilisation du vocabulaire s'imposent ici pour mieux en saisir l'ambiguïté. Si les défenseurs de l'euthanasie

---

158 LOGAN, *The «Right to Die»*, p. 2-3.
159 *Euthanasia News*, février 1975, p. 1, cité par LOGAN, *The «Right to Die»*, p. 4, note 5.

ont trouvé, dans le droit à la mort, un de leurs arguments fondamentaux, ils ne sont cependant pas les seuls à l'utiliser. Les lois américaines établissant le testament de vie ne font que reconnaître le droit du patient à refuser un traitement; elles n'autorisent ni le droit à l'aide médicale au suicide ni à l'euthanasie. Elles sont cependant considérées comme des législations reconnaissant le droit à la mort. L'expression a donc été quelque peu diluée, au point que les défenseurs du concept tout comme ses opposants en reconnaissent aujourd'hui l'ambiguïté. Déjà, en 1975, Ruth Russel, qui défendait une interprétation forte de l'expression, admettait les difficultés posées par l'utilisation qui en est faite:

> Il faut noter que «le droit de mourir dans la dignité» peut être interprété de diverses façons. Pour les uns, il signifie seulement le droit d'être laissé en paix pour mourir sans être prolongé artificiellement par les techniques et les traitements modernes. Pour d'autres, il signifie le droit de choisir sa fin de vie et d'avoir les services d'un médecin qualifié pour qu'elle se fasse sans douleur. Il n'y a pas de doute qu'aussi longtemps que nous permettons la première de ces interprétations et que nous invalidons la seconde, nous allons nous trouver dans des situations morales de plus en plus inconsistantes et hypocrites[160].

Pour leur part, les opposants à l'expression feront remarquer que les multiples sens qu'elle prend chez les auteurs qui l'utilisent la rendent pratiquement inutilisable. Elle embrasse trop largement pour servir de critère de prise de décision[161]. Un lien cependant existe entre les différentes interprétations: le droit à la mort cherche d'abord à affirmer la maîtrise de la personne, même malade, sur sa propre vie.

L'aide médicale au suicide acceptée, même pratiquée, par certains médecins, les récentes législations d'États américains s'opposant à toute forme d'aide au suicide, la victoire du oui au suicide assisté lors du référendum dans l'État de l'Oregon font que la question occupe présentement une place particulièrement importante dans

---

160. RUSSEL, Ruth O., *Freedom to Die: Moral and Legal Aspects of Euthanasia,* New York, Human Sciences Press, 1975, p. 234.
161. LOGAN, *The «Right to Die»,* p. 39.

la vie américaine. La question est devenue la suivante: «Y a-t-il un droit constitutionnel à la mort?» En juin 1997, la Cour suprême des États-Unis a répondu par la négative à cette question[162].

En Grande-Bretagne, l'histoire du développement de l'expression «droit à la mort» a connu un cheminement différent. La décriminalisation du suicide par le Code criminel, en 1961, donna lieu à l'utilisation de l'expression «droit de mourir». Ce fut l'occasion pour de nombreux défenseurs des libertés civiles et de l'euthanasie de proclamer que le droit à la mort avait été enfin reconnu comme l'un des droits humains. Ainsi, soutenaient-ils, l'individu est devenu maître de sa vie et nul ne peut s'opposer à son droit de mourir. Le contexte n'est donc pas ici médical comme il l'est aux États-Unis. Les défenseurs de l'euthanasie utilisèrent largement la formule pour proposer des projets de loi qu'ils soumirent au Parlement. C'est ainsi que le comte de Listowell, parrain d'un des projets de loi à la Chambre des Lords, soutenait que «nous devons essayer d'élargir le champ de la liberté humaine en gagnant pour nous-mêmes le droit de mourir en autant que c'est humainement possible dans les circonstances de notre choix[163]».

Dans d'autres pays, l'expression est aussi reconnue. Les Pays-Bas l'utilisaient déjà à la fin des années 1960[164]. Les Associations pour le droit de mourir dans la dignité ont «atteint plus tardivement les pays latins: la France en 1980, l'Espagne en 1984, l'Italie en 1986[165]», la Belgique en 1982. En Suisse romande, l'ADMD est née en 1982. Dans les pays francophones mentionnés, l'objet de ces associations est défini de manière similaire. Voici l'article 2 des *Statuts et règlement interne* de EXIT Association pour le droit de mourir dans la dignité de Suisse romande:

---

162. KAMISAR, Yale, «Are Laws against Assisted Suicide Unconstitutional?», dans *Hastings Center Report*, 23 (3), mai-juin 1993, p. 32-41; SEDLER, Robert A., «The Constitution and Hastening Inevitable Death», dans *Hastings Center Report*, 23 (5), septembre-octobre 1993, p. 20-25.

163. Earl of LISTOWELL, «Foreword», dans A.B. DOWNING, ed., *Euthanasia and the Right to Death*, London, Peter Owen, 1969, p. 7.

164. SPORKEN, *Le droit de mourir*, 174 p.

165. KENIS, Yvon, *Choisir sa mort. Une liberté, un droit*, Bruxelles, Association pour le droit de mourir dans la dignité, 1990, p. 9.

EXIT-ADMD est une Association humanitaire sans but lucratif qui a pour objet de rassembler toutes personnes de même conviction pour promouvoir le droit de disposer librement de sa personne, de son corps et de sa vie et, notamment, de choisir librement et légalement le moment de mettre un terme à sa vie et le moyen d'y parvenir[166].

Ces diverses associations sont regroupées dans la *Fédération mondiale des Associations pour le droit de mourir* (World Federation of Right-to-Die Societies). Le terminologie «droit à la mort» s'étend donc peu à peu à l'ensemble des pays occidentaux. Elle s'impose car, selon François Sarda, la révolution biologique oblige «sur l'essentiel de la condition humaine, [à] repenser les plus élémentaires droits de l'homme[167].»

Quel que soit le contexte à l'origine de la formule, le droit de mourir exprime avec beaucoup d'éloquence le principe d'autonomie dont la conséquence directe est «la reconnaissance d'un droit subjectif à l'autodétermination[168]». Ce droit reconnu, la question se pose alors de savoir pourquoi les législations, sauf quelques juridictions, ne permettent pas le suicide assisté et l'euthanasie.

La liberté de mettre fin à sa vie, liberté si durement acquise au cours des siècles, mérite-t-elle d'être ainsi restreinte? La société a-t-elle le droit d'empêcher pour son plein exercice d'obtenir l'aide des autres pour s'assurer que l'acte se passe dans les meilleures conditions[169]?

Si le droit de mourir fait consensus, il n'en va pas de même du droit à la mort. Pour Danielle Blondeau, les deux droits doivent être nettement distingués. Le premier est associé au droit de mourir dans la dignité; il est la reconnaissance du mourir comme étape ultime et inévitable de la vie. «Il s'agit, ici, de *laisser mourir*[170].» Le droit à la mort a un autre sens: «Contrairement au droit de mourir qui fait référence à la façon de mourir, la revendication d'un droit à la mort

---

166. Exit-ADMD, *Statuts et règlement interne*, Edition 1987, article 2.
167. SARDA, *Le droit de vivre et le droit de mourir*, p. 11.
168. BAUDOIN et BLONDEAU, *Éthique de la mort et droit à la mort*, p. 83.
169. BAUDOIN et BLONDEAU, *Éthique de la mort et droit à la mort*, p. 84.
170. BLONDEAU, Danielle, «Droit à la mort et droit de mourir: une source de confusion», dans *Le médecin du Québec*, septembre 1994, p. 80.

fait référence à l'intention de mourir, où le processus de mort est déclenché par un tiers[171].»

Une des raisons du refus du droit à la mort est la peur des abus qu'il pourrait entraîner. Les tenants du droit à la mort ne craignent pas l'argument que leur servent leurs adversaires puisqu'ils placent l'autonomie du sujet au centre de leur argumentation. Leur but, en effet, est contraire à la pratique nazie qui mettait à mort les personnes dont on voulait se débarrasser, c'est-à-dire les malades, les handicapés et les juifs. De fait, dans les groupes Exit, Hemlock, ADMD, la proposition de faire reconnaître l'euthanasie implique toujours la dimension volontaire du geste. Celle-ci est mise en exergue parce que ses partisans ont un grand souci des droits humains et reconnaissent les faiblesses et la confusion de certaines tendances des années 1930 tant aux États-Unis qu'en Grande-Bretagne, sans parler de l'Allemagne[172]. Il n'est donc pas question d'euthanasier les inaptes, nouveau-nés ou grabataires séniles, la libéralisation de l'euthanasie ne concernant que les personnes aptes à consentir. Dans ce sens, ses défenseurs interprètent le droit à la mort comme une extension du droit à la vie:

> C'est pourquoi le même argument qui, d'une manière extrêmement convaincante, reconnaît et protège le droit à la vie de toute personne fait de même à l'égard du droit à aider à mourir quand le geste est conforme à la demande persistante, informée et autonome d'une personne[173].

Si le thème du droit à la mort appartient à la valorisation de l'individu dans le cadre de la modernité, il est aussi inséparable du désenchantement du monde, en particulier du refus de laisser les Églises déterminer les décisions que les individus doivent prendre. C'est le deuxième point que je veux brièvement aborder dans cette section consacrée au contrôle que l'individu moderne veut exercer

---

171. BLONDEAU, dans *Le médecin du Québec*, septembre 1994, p. 82.

172. KENIS, *Choisir sa mort*, p. 7.

173. SINGER, Peter, *Rethinking Life & Death*, Oxford, Oxford University Press, 1995, p. 219.

sur sa mort. La comparaison avec le débat sur l'avortement peut à nouveau être éclairant. Il y a déjà vingt-cinq ans, Daniel Callahan, fondateur du Hastings Center, rappelait un certain nombre de règles de base pour la tenue d'un véritable débat social sur l'avortement. Entre autres, il faisait remarquer la nécessité de distinguer les positions philosophiques des théologiques. Ce n'est pas parce qu'une institution religieuse recourt à un raisonnement de nature philosophique que ce dernier devient religieux. Ainsi, par exemple, de nombreuses affirmations faites par l'Église catholique dans sa lutte contre l'avortement sont de nature philosophique et partagées par de nombreux non-croyants. Vingt-cinq ans plus tard, il est remarquable de constater que les arguments rationnels, lorsque utilisés par l'Église, demeurent perçus comme religieux et sont donc rejetés parce que tels. Pourquoi en est-il ainsi? Il me semble que cela tient au refus qu'ont les esprits modernes de se faire dicter leur conduite morale par l'Église.

Les prises de position contemporaines concernant l'avortement et l'euthanasie affirment le droit de propriété qu'a l'être humain sur son corps. C'est la thèse centrale dans le cas de l'avortement. Les femmes ne disent-elles pas «mon corps m'appartient»? Il en va de même pour les défenseurs de l'euthanasie. Le raisonnement qui conduit à des conclusions opposées paraît venir d'un autre monde. De fait, les positions des Églises sont interprétées dans le cadre d'une vision du monde où l'être humain est en relation avec un Dieu qui donne sens à sa vie et fonde ses conduites morales. La vie, dira-t-on ici, appartient à Dieu. Il y a radicale opposition dans l'interprétation de la possession de la vie.

On ne peut perdre de vue que la modernité a été une lutte contre l'institution religieuse dictant des conduites morales universelles, comme si chaque sujet n'était pas responsable de sa destinée. Elle a particulièrement trouvé son expression éthique dans l'authenticité. Pour Charles Taylor, celle-ci repose sur le fait que le sujet moderne se conçoit comme un être doué de profondeurs intimes et que ses actions doivent correspondre à sa manière propre d'être humain. «Cela confère une importance toute nouvelle à la sincérité que je dois avoir envers moi-même.» Cet idéal moral caractéristique de la modernité signifie que chacun doit être fidèle à sa propre originalité:

«et c'est ce que je suis seul à pouvoir dire et découvrir[174].» Dans un contexte où chacun doit décider pour lui ce qui est mieux, apparaît inacceptable une loi universelle qui défend de porter atteinte à la vie alors que le sujet pend conscience que sa vie, désintégrée et annihilée par la maladie, n'a plus de dignité. L'euthanasie volontaire appartient à la dignité humaine; elle correspond au modèle de la «bonne mort» dans la post-modernité.

Qualité de la vie et euthanasie

Dans les débats contemporains sur l'euthanasie et l'aide médicale au suicide, la qualité de la vie est inséparable du droit à déterminer le moment de sa mort. Quand la vie n'a plus de qualité, on réclame le droit d'y mettre fin. La peur de la souffrance, la crainte de dépérir lentement, l'inquiétude de tomber à la merci des autres sont parmi les arguments les plus éloquents pour fonder le contrôle de chacun sur sa propre mort. Le thème de la qualité de la vie est au cœur des idéaux de la modernité et caractérise l'entreprise de la médecine telle qu'interprétée par Bacon.

Déjà, dans *Le discours de la méthode,* René Descartes soulignait que la médecine de son temps n'était rien en comparaison avec ce qui restait à savoir «et qu'on se pourrait exempter d'infinité de maladies, tant du corps que de l'esprit, et même aussi peut-être de l'affaiblissement de la vieillesse, si on avait assez de connaissance de leurs causes, et de tous les remèdes dont la nature nous a pourvus[175]». Francis Bacon, en proposant une nouvelle orientation à la médecine, ne cherchait pas la prolongation de la vie pour elle-même, il cherchait à rendre meilleure cette vie longue. On parlera à ce propos d'une doctrine du *meliorism.* Pour lui, «l'amélioration du sort de l'homme et l'amélioration de son esprit sont une seule et même chose[176]». C'est dans le cadre de cette pensée que le penseur anglais

---

174. TAYLOR, Charles, *Grandeur et misère de la modernité*, Montréal, Bellarmin, 1992, p. 44.

175. DESCARTES, René, *Discours de la méthode*, Paris, Union Générale d'Éditions (coll. «10/18»), s.d., p. 75.

176 BACON, Francis, cité par Gerald J. GRUMAN, *A History of Ideas About the Prolongation of Life*, New York, Arno Press, 1977, p. 80.

a inclus le thème de l'euthanasie dans la tâche médicale: lorsque la médecine ne peut plus améliorer la condition humaine et que celle-ci se résume à une vie de souffrance, la bonne mort peut être considérée la solution la plus humaine.

La qualité de la vie en contexte contemporain

L'expression «qualité de vie» est aujourd'hui utilisée pour rendre compte du désir et de la volonté de vivre une existence qui ait une signification et une valeur pour la personne qui la vit. Anne Fagot-Largeault apporte à ce propos un exemple simple et éclairant:

> La qualité de la vie, sous l'angle individuel, c'est ce qu'on se souhaite au nouvel an: non pas la simple survie, mais ce qui fait la vie bonne — santé, amour, succès, confort, jouissances — bref le bonheur[177].

Si l'expression «qualité de la vie» est, dans les débats bioéthiques, utilisée en opposition à celle de caractère sacré de la vie, elle est aussi employée dans d'autres contextes qui peuvent éclairer le sens que lui donnent nos contemporains. Ainsi, dans le secteur de la consommation, le mot qualité de vie correspond à un indicateur objectif pour décrire l'excellence. La vie posséderait des propriétés que l'on peut mesurer et à partir desquelles s'établit le jugement de sa plus ou moins grande qualité. Ne parle-t-on pas d'hôtels de qualité, de la qualité de la restauration et même d'une médecine de qualité[178]? L'excellence se comprend ici dans le sens *d'affluent lifestyle*[179]. Une autre interprétation consiste à en faire un critère de choix de vie. La sélection d'un métier ou d'un lieu de résidence dépendra de ce facteur. Les aspects du milieu physique et le type de

---

177. FAGOT-LARGEAULT, Anne, «Réflexions sur la notion de la qualité de la vie», dans *Archives de philosophie du droit*, 1991, p. 138.

178. WALTER, James J., «The Meaning and Validity of Quality of Life Judgments in Contemporary Roman Catholic Medical Ethics», dans James J. WALTER et Thomas A. SHANNON (éd.), *Quality of Life: The New Medical Dilemma*, New York, Paulist Press, 1990, p. 80.

179. AIKEN, William, «The Quality of Life», dans James J. WALTER et Thomas A. SHANNON (éd.), *Quality of Life: The New Medical Dilemma*, New York, Paulist Press, 1990, p. 23.

relations à privilégier avec ses proches ou au travail déterminent la capacité de rendre la vie bonne. Les indicateurs utilisés pour faire de tels choix sont largement subjectivistes. Comme le remarque Edward Keyserlingk dans *Le caractère sacré de la vie ou la qualité de la vie*:

> Elles [ces démarches] mettent en effet l'accent sur des données subjectives comme le bonheur «perçu», la satisfaction ou l'épanouissement que procurent les indicateurs sociaux retenus, et essaient de déterminer la qualité de la vie dans une région ou une société donnée en interrogeant les individus sur leur degré de satisfaction ou de bonheur[180].

La qualité de vie, entendue dans ce dernier sens, n'est-elle que subjective? Un sens objectif existe pourtant, qui est constitué par les *«conditions nécessaires* à ce bonheur[181]», conditions qui peuvent être mesurées. La qualité de la vie devient alors un concept comparatif et il est possible de l'évaluer. Dans les contextes environnemental et social, l'expression «vise à établir une hiérarchie des conditions permettant d'optimiser la vie de l'homme ou de satisfaire les besoins nécessaires au bonheur des habitants d'une région[182]». Utilisée dans les décisions d'ordre médical, elle donne lieu au même débat: le critère est-il subjectif ou objectif? Avant d'aborder le plan médical, je voudrais faire quelques remarques concernant la dimension philosophique de l'expression.

Pour le philosophe William Aiken, l'histoire de la philosophie ferait voir deux sens à qualité de la vie. Un premier, plus traditionnel, est analysé en termes de bonheur. Jusqu'au XVe siècle, la plupart des systèmes de morale de l'Occident avaient en commun de se baser sur la recherche du bonheur. Chez Aristote, par exemple, le souverain bien, c'est le bonheur:

---

180. KEYSERLINGK, Edward W., *Le caractère sacré de la vie ou la qualité de la vie*, Ottawa, Commission de réforme du droit du Canada, 1979, p. 58.

181. KEYSERLINGK, *Le caractère sacré de la vie ou la qualité de la vie*, p. 59.

182. KEYSERLINGK, *Le caractère sacré de la vie ou la qualité de la vie*, p. 61.

> Sur son nom, la majorité des gens se trouvent à peu près d'accord:
> c'est le bonheur, comme disent la masse et les hommes du monde, et
> les autres noms qu'on lui pourrait lui donner, «vie heureuse», «heu-
> reuse activité», équivalent, pensent-ils, à celui du bonheur[183].

L'approche était alors ontologique. Après avoir déterminé l'es-
sence humaine, le philosophe pouvait établir les conditions nécessaires pour atteindre le bonheur, en d'autres termes la bonne vie. La
morale consistait à définir la bonne vie et à établir les conditions
individuelles et sociales de son atteinte. Pour Aiken, cette vision
est non seulement celle de Platon et d'Aristote mais aussi celle de
Hegel et de Marx. Elle se retrouve aussi chez les humanistes d'aujourd'hui[184].

La tradition anglo-américaine des deux derniers siècles est
porteuse d'une autre vision de la vie bonne. D'une part, elle est
particulièrement sensible à la liberté, la tolérance et l'égalité. De
plus, la protection de ces dernières est une condition nécessaire à la
quête du bonheur. D'autre part, une liberté qui ne peut faire de choix
en raison de la trop grande pauvreté est une illusion. Du droit à la
liberté de chacun découle celui à un minimum de bien-être, entendu
au sens de *welfare*[185]. C'est ainsi que William Aiken écrit:

> Durant la période qui va d'Adam Smith à Herbert Spencer — période
> de la liberté, du *laisser-faire*[186], de la compétition et du darwinisme
> social — à nouveau on a été préoccupé, et avec raison je crois, par ce
> qu'Aristote appelait les «biens extérieurs» — les biens matériels et
> sociaux. Les réformateurs du XIXe siècle — autant les utilitaristes
> radicaux que les socialistes — mirent l'accent sur le besoin de res-
> sources matérielles primaires pour satisfaire les besoins physiques. Au

---

183. ARISTOTE, *L'éthique à Nicomaque*, 1095 a 16-19, traduction R.A.
Gauthier et J.Y. JOLIF, *L'éthique à Nicomaque*, Louvain, Éditions universitaires de
Louvain, 1958.
184. AIKEN, dans *Quality of Life*, p. 18.
185. La langue anglaise a deux mots pour rendre compte de deux sens différents du mot bien-être: *welfare* et *well-being*. Le premier met l'accent sur les
éléments matériels qui contribuent à l'état de satisfaction dans lequel se trouve un
individu et qui est le second sens.
186. En français dans le texte.

contraire de la position de Malthus, les masses n'étaient pas condam-
nées à vivre dans des conditions sous-humaines[187].

La pensée socio-politique dominante de ce temps soutient
qu'un certain nombre de biens matériels et sociaux (*welfare*) est
nécessaire pour que les personnes atteignent un certain bien-être
(*well-being*) leur permettant de vivre une existence de qualité et d'atteindre le bonheur. À nouveau, on retrouve les éléments objectifs qui
spécifient les conditions de la qualité de la vie. Ces remarques sur la
sensibilité contemporaine facilitent la compréhension de l'intérêt que
représente la qualité de la vie dans le secteur de la santé et les débats
que l'expression suscite.

La qualité de la vie dans la médecine contemporaine

Les discussions contemporaines sur l'emploi de la qualité de la vie
dans le secteur de la santé montrent que plusieurs refusent ou restrei-
gnent l'usage du concept en raison de son caractère subjectif et des
risques de dérapage qu'il entraînerait[188]. Il serait une construction
culturelle. Les faits montrent pourtant une autre facette de la réalité.
L'intérêt pour la qualité de la vie provient de ce que la biomédecine
a transformé l'expérience de la maladie[189]. Qualité de la vie et santé
vont maintenant de pair. Ce point de vue est d'abord largement confirmé par la définition de la santé que donnait l'OMS en 1947: la
santé est un état de bien-être complet, physique, psychologique et
social et non seulement l'absence de maladie. Même si cette définition peut relever de l'utopie[190], elle témoigne de la sensibilité con-

---

187. AIKEN, dans *Quality of Life,* p. 19.
188. JONSEN, Albert R., SIEGLER, Mark, et WINDSLADE, William J., *Clinical
Ethics*, New York, MacMillan Publishing Company, 1982, p. 110-114; EDLUND,
Matthew et TANCREDI, Laurence R., «Quality of Life: An Ideological Critique», dans
Perspectives in Biology and Medicine, 28, été 1985, p. 591-607.
189. BURY, Michael, «Quality of Life: Why Now? A Sociological View»,
dans NORDENFELT, LENNART, ed., *Concepts and Measurement of Quality of Life in
Health Care*, Dordrecht, Kluwer Academic Publishers, 1994, p. 122.
190. CALLAHAN, Daniel, *What Kind of Life. The Limits of Medical Progress*,
New York, Simon and Schuster, 1990, p. 113-114.

temporaire, comme les médecines alternatives en sont une preuve éclatante. Le concept est devenu significatif tant dans le domaine de la thérapie individuelle que dans celui de la santé publique.

Les pratiques médicales elles-mêmes ne peuvent plus faire l'économie de la qualité de la vie. Les développements technologiques, comme les soins intensifs ou la chimiothérapie, ont permis de prolonger des vies qui, hier encore, se seraient rapidement terminées. Anne Fagot-Largeault résume ainsi l'esprit de la rationalité médicale moderne centrée sur la quantité de vie gagnée: «"plus, c'est mieux", la meilleure stratégie est celle qui fait gagner le plus d'années de vie[191]». Cette perspective est aujourd'hui mise en cause du fait que le prix à payer est trop élevé en termes de qualité de la vie: «Désormais apparaît le caractère trop étroit d'une évaluation qui ne tiendrait compte que de la longueur du temps[192].» Les souffrances et les handicaps qui accompagnent l'allongement de la vie questionnent la pertinence des succès de la médecine. En quoi une rationalité fondée sur le quantitatif tient-elle encore compte du principe hippocratique *Primum non nocere*?

C'est ainsi, par exemple, que les chercheurs ont peu à peu commencé à introduire le facteur de la qualité de la vie dans l'évaluation thérapeutique des cancers et autres maladies graves[193]. L'attention qu'on lui accorde est une forme de compassion manifestée aux malades. Autre exemple, la capacité de la médecine d'intervenir efficacement pour prolonger une vie, mais non de guérir, l'oblige à prendre soin des nombreuses personnes souffrant de maladies chroniques. Les individus ainsi touchés doivent s'astreindre à des formes

---

191. FAGOT-LARGEAULT, dans *Archives de philosophie du droit*, p. 138.

192. LAMEAU, Marie-Louise, «La notion de qualité de la vie dans le champ de la santé», dans *Mélanges de science religieuse*, 50 (2), avril-juin 1993, p. 137.

193. B. ASSELAIN et F. GREMY, «Qualitative Criteria in Therapeutic Evaluation and Decision-making in Oncology», dans *Bull Cancer*, 67, 1980, p. 501-506; David F. CELLA, «Quality of Life: The Concept», dans *Journal of Palliative Care*, 8 (3), 1992, p. 11-12; Ray FITZPATRICK et Gary ALBRICHT, «The Plausibility of Quality-of-Life Measures in Different Domains of Health Care», dans NORDENFELT, LENNART, ed., *Concepts and Measurement of Quality of Life in Health Care*, Dordrecht, Kluwer Academic Publishers, 1994, p. 203-204.

de traitement à long terme, ce qui n'est pas sans conséquence considérable sur leur vie quotidienne et la façon de l'évaluer. Des techniques doivent donc être développées pour remédier aux effets secondaires négatifs des traitements médicaux. Elles deviennent des manifestations de sollicitude à l'égard des personnes marquées par la maladie.

De plus, le facteur de la qualité de la vie est au cœur de certaines pratiques médicales. Ainsi en est-il du diagnostic prénatal. Celui-ci est largement pratiqué pour établir l'état de santé du fœtus et, advenant une anomalie considérée grave, des parents demandent que leur nouveau-né ne soit pas traité en raison de l'absence de qualité de la vie. Les médecins sont divisés sur la question. Depuis 1972, ces demandes parentales ont donné lieu à d'intenses débats éthiques et juridiques aux États-Unis[194]. Enfin, quelques mots sur les soins palliatifs. Ceux qui les dispensent sont particulièrement sensibles à la qualité de la vie des personnes en phase terminale. Le *Rapport* du groupe de travail français Aide aux mourants met l'accent sur la préoccupation que doivent avoir les soignants à l'égard de la qualité de la vie des personnes en phase terminale. Ce souci conduit les auteurs du *Rapport* à soutenir:

> Cela conduit parfois à prescrire des médicaments sédatifs à des doses telles que la survie du patient en phase terminale peut en être écourtée. Cela est justifié dans la mesure où est prise en compte prioritairement la *qualité de la survie* du patient[195].

La médecine ne fait donc plus silence sur la qualité de la vie. Même si cette reconnaissance est critiquée par plusieurs en raison du caractère subjectif que le jugement implique, des efforts considérables sont faits, depuis vingt ans maintenant, pour élaborer des mesu-

---

194. Une excellente présentation des débats éthiques américains concernant les décisions à prendre à l'égard des nouveau-nés sévèrement handicapés a été faite dans la revue *Études*, il y a déjà quelques années. McCORMICK, Richard, A., «Les soins intensifs aux nouveau-nés handicapés», dans *Études*, 357, novembre 1982, p. 493-502. Voir aussi: DOUCET, Hubert, *Mourir,* Paris-Ottawa, Desclée-Novalis, 1988, p. 117-139 et DOUCET, Hubert, *Au pays de la bioéthique*, Genève, Labor et Fides, 1996, p. 53-54.

195. Cité d'après LAMEAU, dans *Mélanges de science religieuse*, p. 141.

res de la qualité de la vie. Ces démarches de mesures objectives reposent sur le point de vue selon lequel le jugement peut être reconnu par les autres sur la base d'un certain sens commun concernant la qualité de la vie[196]. Les instruments de mesure les plus connus sont les QUALYs (Quality Adjusted Years Life) pour qui une année de vie en bonne santé étant de un, une année de vie en mauvaise santé sera inférieure à un et la mort sera comptée pour zéro. Ils ne sont cependant qu'une forme de mesures d'évaluation développées ces dernières années.

L'objectif des QUALYs est de prévoir les conséquences d'une thérapie sur la qualité de la vie d'un patient. Un de ses architectes décrit le QUALY ainsi:

> Si la mort est comptée pour zéro, il est, en principe, possible qu'un QUALY soit négatif, c'est-à-dire que la qualité de la vie de cette personne soit jugée pire que sa mort.
>
> L'idée générale est qu'une action sanitaire bénéfique est celle qui génère un total positif de QUALYs, et qu'une action sanitaire efficace est celle où le coût par QUALY est aussi bas que possible. Une action sanitaire de haute priorité est celle où le coût par QUALY est bas, et une action de moindre priorité est celle où le coût par QUALY est élevé[197].

De nombreuses critiques sont adressées à cet instrument de mesure en raison de son intérêt principalement économique et parce qu'il entraîne une discrimination systématique contre les plus vieux et les plus faibles[198]. À l'inverse, Paul Menzel affirme que nombre d'auteurs soutiennent que les QUALYs représentent les jugements que chacun porte sur la qualité de sa propre vie[199]. D'autres tentatives sont poursuivies depuis une vingtaine d'années pour construire des instruments de mesures simples et fiables dans divers domaines des

196. FAGOT-LARGEAULT, dans *Archives de philosophie du droit*, p. 138-139.

197. WILLIAMS, Alan, «The Values of QUALYs», dans *Health and Social Service Journal,* July 1985, p. 3.

198. LOCKWOOD, Michael, «Qualité de la vie et affectation des ressources», dans *Revue de métaphysique et de morale*, 87, 1987, p. 313.

199. MENZEL, Paul T., *Strong Medicine*, New York, Oxford University Press, 1990, p. 84.

soins de santé dont en soins palliatifs. Elles visent à évaluer la vie du patient dans son environnement et à exprimer objectivement la dimension subjective de la qualité de la vie. Si, pour élaborer ces instruments, quelques auteurs mettent de l'avant des mesures plutôt simplistes parce que unidimensionnelles, un consensus s'est établi pour que les mesures soient pluridimensionnelles[200]. Ces dimensions subjectives varient de trois à six selon les auteurs. David Bella en identifie quatre: physique, fonctionnelle, psychique et sociale[201]. Ces mesures sont utiles et nécessaires pour évaluer l'impact de la maladie et des traitements. Leur pluridimensionnalité permet d'équilibrer les jugements subjectifs des professionnels de la santé à propos de la qualité de la vie.

Dans le domaine de la santé publique, la notion de la qualité de la vie est aussi un indicateur pris en compte. La médecine préventive, par sa nature même, est habitée du souci de la qualité de la vie[202]. De plus, les coûts des dépenses de santé font naître des questions qui étaient ignorées il y a à peine dix ans, dont celle de l'utilisation optimale des ressources de santé. Des concepts nouveaux comme le «coût-bénéfice» s'intéressant aux aspects économiques d'un traitement et le «coût-efficacité» portant sur le nombre d'années gagnées ont été introduits pour répondre au contexte nouveau qui en est un de ressources limitées. Ces instruments privilégient, dans l'allocation des ressources, l'efficacité des soins en fonction de la qualité de vie qu'ils procurent aux malades et à l'ensemble de la société.

La notion de qualité de la vie est au cœur de nos débats concernant les soins de santé et leur organisation. Pour éviter tout dérapage dans son utilisation, il importe d'utiliser le concept en

---

200. CELLA, David C., «Quality of Life: The Concept», dans *Journal of Palliative Care*, 8 (3), 1992, p. 10.

201. CELLA, dans *Journal of Palliative Care*, p. 10; FAGOT-LARGEAULT, dans *Archives de philosophie du droit*, p. 138-139.

202. LALONDE, Marc, *Une nouvelle perspective sur la santé des Canadiens*, Ottawa, Ministère de la Santé et du Bien-Être, 1974; MARTIN, Jean, *Pour la santé publique*, Lausanne, Réalités sociales, 1987, p. 149-153; HOLLAND, Walter W. et STEWART, Susie, *Screening in Health Care Benefit or Bane?* London, The Nuffield Provincial Hospitals Trust, 1990, p. 2-5.

tenant compte de ses multiples facettes et dans la conscience de ses limites[203].

Qualité de la vie et gestion de la mort

Si la recherche de la qualité de la vie joue un rôle important dans le domaine des soins de santé, quelle place doit-elle prendre dans la gestion de la mort? De nombreuses décisions d'arrêt ou de non initiation de traitement sont fondées sur l'absence de la qualité de la vie. La distinction entre moyens ordinaires et extraordinaires ne peut être comprise en dehors de sa reconnaissance[204]. De plus, mourir dans la dignité est l'un des thèmes majeurs de la littérature contemporaine sur la mort. Il se retrouve dans les écrits provenant tant des associations pour le droit de mourir dans la dignité que des professionnels des soins palliatifs. De nombreux malades mourant dans des situations inhumaines, il devient l'un des arguments fondamentaux en faveur de l'euthanasie. Pourquoi l'absence de la qualité de la vie ne conduirait-elle pas à l'accélération de la mort par la médecine? Les opposants et les tenants de l'euthanasie acceptent la qualité de la vie comme fondement de la décision. S'ils diffèrent sur le geste à poser, c'est parce que les premiers ne voient pas de différence entre arrêter un traitement et hâter la mort, alors que pour les seconds la différence est fondamentale.

Dans un texte consacré à la qualité de la vie, le philosophe australien Peter Singer montre que les décisions de vie et de mort sont inévitablement basées sur la qualité de vie. Pour ce faire, il fait appel aux débats américains et anglais consacrés à l'attitude à prendre à l'égard des nouveau-nés malformés. Du côté américain, il rappelle l'histoire de «Baby Doe», né le 9 avril 1982. Le nouveau-né était trisomique 21 et souffrait d'une atrésie de l'œsophage; sans une

---

203. MORREIM, E. Haavi, «Computing the Quality of Life», dans George J. AGICH et E.B. BEGLEY (éd.), *The Price of Health,* Dordrecht, D. Reidel Publishing Company, 1986, p. 45- 69.

204. DOUCET, *Mourir,* p. 67-70; WALTER, dans *Quality of Life,* p. 84-86; WILDES, Kevin W., «Ordinary and Extraordinary Means and the Quality of Life», dans *Theological Studies,* 57, 1996, p. 500-512.

opération pour corriger le blocage, l'enfant allait mourir. Même si les chances de succès de l'intervention étaient bonnes, les parents refusèrent l'opération, ce qui était un verdict de mort pour l'enfant. Les juges de deux tribunaux donnèrent raison aux parents et l'enfant mourut avant que la Cour suprême n'ait eu la possibilité de se prononcer. L'affaire fit grand bruit au point que le président Reagan établit une série de directives interdisant de poser des gestes discriminatoires à l'égard des enfants handicapés. Au terme d'interminables débats, il fut reconnu que la loi n'oblige pas à offrir des traitements inutiles qui ne feraient que retarder la mort. C'était admettre que le caractère sacré de la vie n'est pas le fondement de la décision. La politique «pro-life» du président Reagan se transformait en acceptation du critère de la qualité de la vie.

Les tribunaux anglais ont eu à juger quelques cas de non-traitement pour des nouveau-nés gravement malformés. L'un des procès prouva que l'infanticide était largement pratiqué dans des cas de trisomie 21 et que la qualité de la vie était un facteur pris en compte dans ce genre de décision. Un juge anglais alla jusqu'à écrire: «treating the child to die». La «nouvelle éthique» selon les mots de Singer, ne peut qu'être fondée sur la qualité de la vie et, en l'absence de cette dernière, conduire à l'euthanasie[205].

Peter Singer soutient que si la vieille éthique était fondée sur le caractère sacré de la vie, la nouvelle l'est sur la qualité de la vie. Il faut donc, soutient-il, réécrire les commandements. Au premier commandement ancien qui affirmait qu'il fallait traiter toute vie humaine comme étant d'égale valeur succède le nouveau qui dit que la valeur de la vie humaine varie selon certains critères précis. Si le deuxième commandement ancien défendait de mettre volontairement fin à une vie humaine innocente, le nouveau proclame que l'individu doit prendre sa responsabilité pour les conséquences de ses décisions. Si les médecins considèrent que la décision de mettre fin à la vie d'un patient est la bonne, ils doivent poser le geste. Le troisième mettait de l'avant que l'individu ne devait pas se suicider et qu'il devait empêcher autrui d'attenter à sa vie alors que le nouveau tient à res-

---

205 SINGER, *Rethinking Life and Death*, p. 106-131.

pecter le désir de quiconque de vivre ou de mourir. S'il est mal de mettre fin à la vie de quelqu'un contre son gré, il faut cependant respecter son désir de mourir s'il juge que sa vie ne vaut plus la peine d'être vécue[206]. Telles sont les règles de base qui fondent la nouvelle éthique de la qualité de la vie.

La philosophie éthique de Peter Singer est typiquement utilitariste. Il rejoint en cela de nombreux tenants de l'euthanasie pour qui la décision est fondée sur le bonheur net: le degré de bonheur moins le degré de malheur vécu à ce moment. La qualité de la vie est bonne aussi longtemps que le bonheur l'emporte sur le malheur. Michael Bayles, dont je m'inspire ici, a bien mis en relief les éléments centraux de la proposition utilitariste concernant l'euthanasie[207]. La première raison habituellement mise de l'avant pour accepter l'euthanasie est la douleur de la maladie. Cette raison est aujourd'hui récusée par les professionnels des soins palliatifs. À entendre ce que racontent les malades et leurs familles, leur affirmation ne convainc pas toujours. De plus, la douleur n'est pas la seule raison puisque l'incapacité mentale ou physique fait aussi en sorte que la vie n'apparaît pas digne d'être vécue. La dimension subjective de la qualité de la vie est ici primordiale. Si, par exemple, quelqu'un considère essentielle la mobilité physique, la paralysie du quadraplégique est un empêchement suffisant pour rendre la vie intolérable. Lorsque la vie n'est plus digne d'être vécue, l'euthanasie est moralement justifiable.

Mais qu'en est-il lorsque l'individu est inapte à décider? Ainsi en est-il du nouveau-né malformé. Le jugement de la qualité de la vie étant subjectif, l'euthanasie est-elle possible? Deux éléments doivent être ici pris en compte. Le premier consiste à se demander si la vie d'une telle personne vaut la peine d'être vécue et le second considère le poids ou l'avantage que représente l'individu pour les autres et l'ensemble de la société. Si ces deux éléments conduisent à juger que la vie ne vaut pas la peine d'être vécue et qu'est trop lourd le poids que représente l'individu pour ses parents ou la société, une philosophie utilitariste considère comme bonne la décision de l'euthanasie.

---

206. SINGER, *Rethinking Life and Death,* p. 190-198.
207. BAYLES, Michael D., «Euthanasia and the Quality of Life», dans James J. WALTER et Thomas A. SHANNON, New York, Paulist Press, 1990, p. 265-281.

Une telle décision est au service de la qualité de la vie. Si beaucoup de tenants de l'euthanasie n'affirment pas un point de vue utilitariste aussi tranché, il n'en demeure pas moins que leur position, lorsque fondée sur la qualité de la vie, met de l'avant ces points de vue.

Remarques finales

Le débat sur l'euthanasie oppose deux écoles de pensée. Une première, dont l'inspiration principale est religieuse, met l'accent sur le caractère sacré de la vie, entendu dans son sens religieux ou séculier, et la vie comme don de Dieu. Les deux arguments manifestent que l'être humain n'est pas le maître absolu de sa destinée et que la souffrance de la maladie n'est pas la fin de toute vie. Le sens de la vie n'est pas de soi annihilé; la maladie peut être une épreuve de croissance humaine et spirituelle. La seconde école est centrée sur l'être humain prenant totalement en main sa destinée. Un malade n'a pas à supporter une existence malheureuse; la mort est alors meilleure que la vie. Comme il est autonome, le sujet malade peut prendre la décision qu'il juge la plus avantageuse dans son cas: continuer à souffrir ou décider du moment de sa sortie. Deux visions anthropologiques se confrontent ici. Elles donnent lieu à d'intenses débats. Quelle contribution la théologie peut-elle apporter à ce débat?

CHAPITRE 5

LA CONTRIBUTION DU THÉOLOGIEN
AU DÉBAT SUR L'EUTHANASIE

Les chapitres précédents ont montré divers éléments fondamentaux de la problématique contemporaine du débat sur l'euthanasie. Au plan du droit et de la médecine, on y perçoit des évolutions importantes mettant en question des pratiques qui, il y a à peine dix ans, étaient encore intouchables. Trois thèmes majeurs représentant les fondements des positions théologiques des Églises chrétiennes ont été présentés: prendre la place de Dieu, le caractère sacré de la vie et la vie comme don de Dieu. Si ces positions indiquent clairement une orientation, celle d'un profond respect de la vie, elles ne condamnent pas à l'unanimité tout geste voulant mettre fin à la vie d'un malade pour motif de compassion. Deux des principaux thèmes à la source des demandes actuelles en faveur de l'euthanasie et de l'aide médicale au suicide ont été aussi analysés. Pour un grand nombre de nos contemporains, l'autonomie de l'individu malade et la qualité de la vie sont les conditions nécessaires et suffisantes pour libéraliser l'euthanasie. La nature de ce dernier chapitre est différente des précédents. Il ne s'agit plus de faire voir les tendances actuelles ayant cours dans le débat sur l'euthanasie mais, en tenant compte des acquis précédents, de montrer en quoi la théologie peut contribuer à éclairer la discussion commune sur la question.

Pour comprendre la perspective qui est la mienne, une remarque préalable s'impose. Au niveau de la logique de l'argumentation sur la moralité de l'euthanasie dans le cadre de la tâche médicale, le théologien spécialisé en éthique n'a pas beaucoup à contribuer. Comme l'indique Paul Ricœur dans sa préface à *Soi-même comme un autre*, le rôle du philosophe est «de répondre à une question, au sens de résoudre un problème posé». De plus, «il faut affirmer que, même, au plan éthique et moral, la foi biblique n'ajoute rien aux prédicats "bon" et "obligatoire" appliqués à l'action[208]». Cette dernière affirmation est d'ailleurs proche de la pensée de Thomas d'Aquin pour qui la loi nouvelle n'ajoute pas beaucoup au contenu de la loi naturelle[209]. Nous sommes en plein débat sur la spécificité de l'éthique chrétienne. Il faut cependant ajouter que le théologien aborde les questions d'ordre éthique d'une façon beaucoup plus existentielle que ne le fait le philosophe, pour rejoindre à nouveau Paul Ricœur. C'est ce qui explique pourquoi le théologien engagé dans la réflexion morale a une sensibilité particulière qui va l'amener à mettre en avant des préoccupations auxquelles beaucoup de ses collègues philosophes n'apportent pas spontanément la même attention[210]. Dans ce sens, il peut jouer un rôle original dans le présent débat.

Ce chapitre comprend deux parties. La première souligne certains apports de la théologie à la question de l'euthanasie. De nombreux concepts actuellement utilisés sont en effet d'origine théologique, même s'ils sont parfois coupés de leurs racines. Rappeler leur sens originel peut aider non seulement à faciliter l'écoute mutuelle mais à en éclairer la pertinence pour l'ensemble de la société. La deuxième partie insiste sur un certain nombre d'éléments fondamentaux qu'il importe à la théologie de valoriser pour que la mort en contexte contemporain ne soit pas vécue comme l'échec d'une vie mais comme un événement porteur de croissance pour la personne mourante et pour la communauté.

---

208. RICŒUR, Paul, *Soi-même comme un autre*, Paris, Seuil, 1990, p. 37.

209. THOMAS D'AQUIN, *Somme théologique*, Ia IIæ, q. 107, art. 1.

210. DOUCET, Hubert, «La bioéthique comme processus de régulation sociale, la contribution de la théologie», dans Marie-Hélène PARIZEAU, dir., *Bioéthique: méthodes et fondements*, Montréal, ACFAS, 1989, p. 80-82.

La mort biomédicale et la théologie

Dernière étape de la vie, la mort avec ses diverses facettes a toujours été au centre de la réflexion des théologiens: universalité et spécificité de la mort humaine, nature et sens qu'elle prend dans la vie du sujet, moyens utilisés pour la retarder, manières d'y faire face, gestes rituels du départ, etc. Depuis le dernier demi-siècle, les progrès médicaux ont bouleversé l'art du mourir: les causes de la mort ont changé, la durée du vivre et du mourir a été allongée, le malade ne meurt plus chez lui et de graves dilemmes se posent à propos des soins à prodiguer et des décisions à prendre. La théologie n'est pas restée passive devant les préoccupations nées de la médicalisation de la mort. Elle a joué un rôle déterminant dans l'élaboration du cadre de pensée qui a guidé les positions du corps médical depuis la fin des années 1940. Les prises de position du pape Pie XII ont été à ce propos déterminantes.

Théologie et respect de la vie

Deux dimensions ont caractérisé le travail théologique. La première, prenant sa source dans la tradition biblique et instruite de l'expérience nazie dont on découvrait l'horreur, proclamait la primauté du respect de la vie humaine. Le médecin ne devait jamais accélérer la mort, soit aller contre le sens même de sa vocation. Dans les années 1950, seul le théologien Joseph Fletcher affirmait la légitimité de l'euthanasie en raison du droit à la mort. Pour l'ensemble des milieux théologiques, le rejet de l'euthanasie allait de soi.

En raison de sa fermeté, l'affirmation théologique est parfois interprétée comme vitaliste, c'est-à-dire affirmant que les traitements doivent toujours être poursuivis, quel que soit le pronostic. S'il est vrai que certains théologiens peuvent prêter flanc à la critique, celle-ci ne peut leur être adressée en bloc. Ils ont plutôt tenu un discours du juste milieu — «garder raison et mesure[211]» — entre la poursuite acharnée des traitements fondée sur le caractère sacré de la vie et

---

211. VERSPIEREN, Patrick, *Face à celui qui meurt*, Paris, Desclée de Brouwer, 1984, p. 147.

l'accélération de la mort au nom de la qualité de la vie. Cette position d'équilibre qui fait consensus autant chez les catholiques que
chez les protestants, repose sur la vision biblique selon laquelle la vie
n'est pas un bien absolu mais relatif. Elle prend d'autant plus de sens
aujourd'hui que la mort est maintenant considérée comme la Grande
Ennemie. Couplée avec l'impératif technologique, la croyance contemporaine conduit à l'acharnement thérapeutique et à sa conséquence logique, l'euthanasie.

La position d'un Karl Barth, exprimée au moment où l'éthique
médicale n'avait pas l'intérêt qu'elle revêt aujourd'hui, est particulièrement éclairante. «La vie humaine n'est pas une valeur absolue» de
sorte qu'«elle n'a pas à revendiquer le droit d'être conservée à tout
prix et dans toutes les circonstances». En effet, «les hommes ne
possèdent pas une telle souveraineté sur la vie de leurs semblables[212]». D'autre part, Barth ajoute qu'autant «la suppression des vies
prétendues "sans valeur"» que «le meurtre considéré comme un bienfait qu'il faut accorder au patient et à ceux qui le voient souffrir» ne
peuvent se justifier. Ils vont à l'encontre de la protection de la vie
inscrite dans le commandement de Dieu car ils ne respectent pas le
mystère de la vie[213]. Des théologiens catholiques américains comme
Richard McCormick[214] et James Walter[215] ont particulièrement mis en
relief la dimension de la vie comme bien relatif. Leur position est
fondée sur la tradition chrétienne pour qui la vie biologique n'est pas
le tout de la vie. Celle-ci n'est pas sacrée au sens d'intouchable mais

---

212. BARTH, Karl, *Dogmatique*, vol. III, *La doctrine de la création*, t. IV,
Genève, Labor et Fides, 1965, p. 106. «Certes, on ne saurait toutefois empêcher de
se poser la question de savoir si cette manière de prolonger la vie artificiellement est
toujours juste, s'il ne pourrait pas y avoir également une sorte d'«usurpation» humaine, mais dans l'autre sens, si, en un mot, l'accomplissement du devoir médical
ne risque pas de devenir du fanatisme, la raison une déraison, le bienfait commandé
une cruauté interdite.» (p. 114)

213. BARTH, *Dogmatique*, vol. III, t. IV, p. 110-114.

214. McCORMICK, Richard A., «To Save or Let Die», dans *America*, 131, 13
juillet 1974, p. 6-10.

215. WALTER, James J., «The Meaning and Validity of Quality of Life
Judgments in Contemporary Roman Catholic Medical Ethics», dans *Louvain
Studies*, 13 (3), automne 1988, p. 195-208.

elle est sainte, c'est-à-dire en relation étroite avec Dieu. Pie XII allait dans le même sens; pour lui, un malade ne doit pas poursuivre des traitements qui rendraient trop difficile l'acquisition de biens supérieurs plus importants[216]. Le respect de la vie n'est pas exclusif de sa qualité, comme il en a déjà été fait mention.

La qualité de la vie est un souci qui habite le christianisme. Le service des pauvres et des malades est au cœur de la tradition chrétienne. Ceux-ci sont des personnes à l'égard desquelles nous avons le devoir de promouvoir une vie meilleure: ils sont la figure du Christ. Les hôpitaux, une invention de l'Europe chrétienne, témoignent de cette perspective profondément évangélique. Comme l'a bien montré Francis Rollin, l'interdiction de l'euthanasie affirme un profond respect de la vie affaiblie et à risque d'être mise à mort en raison même de sa faiblesse. Elle est appel à la «mobilisation» devant l'impuissance et la souffrance:

> N'assistera-t-on pas à une «fragilisation» accrue, non plus seulement des sujets eux-mêmes placés en ces situations extrêmes, mais de leur «entourage» lui-même, dont tous les membres ne sont pas forcément indemnes eux-mêmes de toute fragilité, mais qui du moins, jusqu'à présent, pouvaient cependant s'appuyer sur cet interdit et sur le consensus social qu'il représente? N'assistera-t-on pas à une augmentation de son impuissance, déjà souvent si grande, hélas[217]!

Le refus de l'euthanasie témoigne d'une option préférentielle à l'égard des fragilisés de la vie. Il s'oppose à la tendance de transformer l'argument de la qualité de la vie en motif d'exclusion de la communauté. Ainsi en est-il lorsqu'il est décidé de ne pas opérer un enfant trisomique 21 pour une atrésie de l'œsophage alors que l'intervention serait pratiquée chez tout autre enfant dit «normal». Il en va de même à l'autre extrémité de la vie où des malades âgés sont pratiquement abandonnés sur des civières dans les urgences des hô-

---

216. PIE XII, «Problèmes médicaux et moraux de la réanimation», dans Patrick VERSPIEREN, dir., *Biologie, médecine et éthique*, Paris, Le Centurion, 1987, p. 368.

217. ROLLIN, Francis, «L'euthanasie et le concept de la mort dans la dignité», dans Guy DURAND et Catherine PERROTIN (dir.), *Contribution à la réflexion bioéthique. Dialogue France-Québec*, Montréal, Fides, 1991, p. 194.

pitaux; on les laisse mourir car on ne voit pas «à quoi ils servent». La réflexion suivante résume la position: «À cet âge et dans cette condition, quelle qualité de vie peut-on avoir?» Le point de vue théologique est celui du refus de l'exclusion.

Le christianisme cherche, d'une part, à tenir ensemble sainteté de la vie et qualité de la vie et, d'autre part, à protéger la vie faible et dépendante de son exclusion de la communauté. Afin d'y parvenir, le langage théologique a développé une série de concepts qui ont fait et continuent de faire autorité tant dans les milieux théologiques que médicaux.

Les concepts théologiques et l'euthanasie

Un certain nombre de concepts, largement adoptés par les milieux de santé, trouvent leur origine dans la réflexion des théologiens moralistes. Ainsi en est-il de la distinction entre moyens ordinaires et extraordinaires, de la différence entre arrêter un traitement et accélérer la mort ou du principe de l'action à double effet. Ces notions sont parfois réduites à des termes techniques; lorsqu'elles sont replacées dans leur contexte originel, elles ouvrent pourtant à toute une vision de la tâche médicale et du sens du mourir. Je voudrais reprendre ici ces trois notions pour dégager la contribution qu'elles apportent au débat sur l'euthanasie.

La distinction entre moyens ordinaires et extraordinaires est largement utilisée en médecine. Reprenons la question à la base. Pie XII a lancé l'expression dans la communauté médicale contemporaine. Il affirmait en 1957 que le devoir que l'homme a «envers lui-même, envers Dieu, envers la communauté humaine, et le plus souvent envers certaines personnes déterminées [...] n'oblige habituellement qu'à l'emploi de moyens qui n'imposent aucune charge extraordinaire pour soi-même ou pour un autre[218]». Le pape n'a pas créé la distinction; il l'a empruntée à certains théologiens espagnols du XVIe siècle. À l'époque, la médecine est primitive, l'antisepsie inexistante et l'anesthésie inconnue; toute intervention chirurgicale

---

218 Pie XII, dans Verspieren, *Biologie, médecine et éthique*, p. 368.

cause des souffrances insupportables et son résultat est aléatoire, compte tenu de l'impuissance à combattre l'infection. Comment exiger de quelqu'un qu'il se soumette à de telles opérations? Seule est requise l'obligation de se soumettre à des interventions dont le risque est minimal et la douleur négligeable ou ordinaire. Les théologiens de l'époque affirment que les seuls moyens qu'une personne est tenue d'employer sont ceux qu'elle utilise normalement pour vivre. Comme le fait remarquer Paul Ramsey, l'expression «moyen extraordinaire» signifie à l'origine un traitement qui a de graves inconvénients pour le malade, même si une vie signifiante peut être prolongée. Elle ne s'applique pas seulement aux situations de fin de vie, comme l'expression finira par le signifier[219]. Les inconvénients peuvent être le coût, la nécessité de se déplacer, le risque que le traitement fait courir, etc. La distinction permet donc d'évaluer un traitement en relation avec les bienfaits et les limites déterminés par le patient.

L'expression, telle qu'elle est aujourd'hui utilisée, mérite d'être critiquée en raison du fait que l'accent est souvent mis sur le moyen lui-même plutôt que sur la situation particulière du malade. La mécanique a pris le dessus sur le sens que prend l'intervention pour la personne concernée. C'est le théologien américain Gerald Kelly qui a initié cette interprétation, les termes étant compris de manière normative et évaluative et non plus descriptive[220]. De façon à en retrouver le sens originel, d'autres expressions ont été proposées, comme «moyens proportionnés et disproportionnés[221]». Elles mettent la priorité sur le malade, non sur le moyen. En retrouvant le sens originel, il devient possible d'en découvrir la portée pour la question de l'euthanasie.

La distinction indique d'abord que le malade a la responsabilité de prendre des décisions d'ordre thérapeutique qui vont lui permettre

219. RAMSEY, Paul, *Ethics at the Edges of Life*, New Haven, Yale University Press, 1978, p. 158.

220. KELLY, Gerald, «The Duty to Preserve Life», dans *Theological Studies*, XII, 1951, p. 550-556.

221. Congrégation pour la Doctrine de la Foi, *Déclaration sur l'euthanasie*, mai 1980, *Textes du Magistère catholique* réunis et présentés par Patrick Verspieren, sous le titre de *Biologie, médecine et éthique*, Paris, Le Centurion, 1987, p. 420.

de vivre une vie qu'il juge acceptable et ne dépasse pas ses capacités. D'une part, la responsabilité relève de la personne elle-même et, d'autre part, sa décision est fondée sur ce que nous appelons maintenant la qualité de la vie. Kevin Wildes, du *Kennedy Institute of Ethics* au Georgetown University à Washington, regrette que les théologiens moralistes contemporains hésitent à parler de la qualité de la vie lorsqu'ils abordent la distinction entre moyens ordinaires et extraordinaires. Le fait que les thèmes du caractère sacré de la vie et de la qualité de la vie polarisent les deux tendances du débat sur l'euthanasie peut expliquer ce silence. L'analyse historique démontre cependant que la distinction ne peut être appréciée à sa juste mesure si le jugement de la qualité de la vie est évacué[222]. C'est pourquoi la vie n'a pas à être prolongée à tout prix: l'acharnement thérapeutique n'est pas une exigence du respect de la vie. Au contraire: au fondement de la distinction, il y a une mise en cause de la tendance médicale qui, poussée par le désir de la prouesse technique, prolonge la vie sans se soucier du poids de souffrances qu'elle impose. La biomédecine est rappelée aux buts premiers de l'action thérapeutique et aux perspectives qui doivent les guider. Guérir, soulager la douleur, prévenir la maladie, promouvoir la santé doivent s'insérer dans un but plus large, celui de servir le sens de l'existence personnelle[223].

La deuxième expression à présenter est la distinction entre l'arrêt de traitement et l'action d'accélérer la mort. En 1975, James Rachels a mis en cause la distinction et il a été largement suivi. Quelques années plus tard, Louis-Vincent Thomas écrivait que «provoquer directement ou indirectement la mort, n'est-ce pas, après tout, la même chose dans la mesure où on le fait sciemment en toute connaissance de cause[224]?» Les théologiens, pour leur part, tiennent habituellement à la distinction. À une raison pratique, conforme à leur vision du respect de la vie — protéger les malades contre l'acharnement thérapeutique sans avoir recours à l'euthanasie — s'en

---

222. WILDES, Kevin W., «Ordinary and Extraordinary Means and the Quality of Life», dans *Theological Studies*, 57, 1996, p. 500.

223. WALTER, dans *Louvain Studies*, p. 207.

224. THOMAS, Louis-Vincent, *Mort et pouvoir*, Paris, Petite Bibliothèque Payot, 1978, p. 91.

ajoute une plus fondamentale, de nature nettement théologique. Elle touche au sens même de l'agir humain dans une culture technologique.

Ces dernières années, le débat a porté sur la question suivante: y a-t-il une différence entre donner la mort et arrêter un traitement quand on sait que la mort s'ensuivra? En posant ainsi la question, on évacue le sens du geste. Ceux qui répondent négativement donnent une interprétation chosifiante du geste d'arrêt de traitement, ne voyant pas sa dimension anthropologique. Ceux qui répondent affirmativement laissent parfois entendre que d'un côté, il y aurait action et que de l'autre, il y aurait omission ou passivité, ce qui n'est pas tout à fait juste. On a raison de dire que choisir de tuer quelqu'un par bonté ou laisser la nature suivre son cours, c'est prendre une décision. C'est de l'ordre de la responsabilité humaine. S'il y a une distinction, elle n'est pas entre agir ou ne pas agir mais réside dans la réalité différente de l'agir.

La sensibilité morale chrétienne qui voit dans l'arrêt de traitement la forme humaine que doit prendre la mort en contexte technologique prend sa source principale dans la mort de Jésus. Au jardin des Oliviers, Jésus est aux prises avec la souffrance, craignant la douleur et la mort comme toute personne humaine. Au cours des différents procès qu'on lui fait subir, il accepte une mort injuste en faisant confiance à Dieu et en solidarité avec l'humanité. Tout au long des événements de sa passion, il parle le langage de la compassion à toutes les personnes avec lesquelles il est en contact, autant celles qui l'ont trahi que celles qui le mettent à mort ou sont crucifiées à ses côtés. La spiritualité et les attitudes concrètes qui découlent de ce modèle façonnent la position de l'arrêt de traitement. Quatre éléments la caractérisent.

Le premier élément sur lequel je ne veux pas ici insister consiste à reconnaître la mort comme événement normal de la vie. La deuxième caractéristique souligne l'ambiguïté morale de l'utilisation des technologies de pointe. Leur emploi sert-il toujours les meilleurs intérêts de la personne? Des techniques de chirurgie, radiothérapie ou chimiothérapie sont-elles proposées ou utilisées simplement parce qu'elles existent? La technique est-elle un moyen ou une fin? Le troisième élément met en relief les limites du pouvoir humain sur la vie et la mort. Dans le cas d'euthanasie, l'intervenant décide qu'il est de sa responsabilité d'agir de façon irréversible pour hâter la mort. Dans le cas d'arrêt de traitement, il ne cherche ni à hâter ni même à mettre fin à la vie de quelqu'un; il s'incline devant le fait que les interventions qui chercheraient à prolonger la vie sont devenues inutiles et ne respecteraient pas la personne malade. L'abstention de traitement consiste à ne plus lutter pour maintenir une vie pour laquelle la médecine est devenue impuissante. Celle-ci, en ne provoquant pas la mort, accepte la limite de son pouvoir. Du même coup, l'arrêt de traitement met en question une des composantes actuelles de la médecine, celle de l'impératif technologique qui est source des situations intolérables aujourd'hui décriées. Il n'est donc pas une fin en soi. C'est pourquoi, même si certains moyens techniques ont épuisé leur utilité, les soignants doivent continuer à prendre grand soin de la personne. Ils le feront en adoucissant ses souffrances, en particulier en contrôlant ses douleurs, et en l'accompagnant dans le respect de son intégrité. C'est là un quatrième élément constitutif de l'arrêt de traitement aux yeux de la théologie chrétienne.

S'il est vrai que, dans le débat sur l'euthanasie, le fondement de la position chrétienne sur l'arrêt de traitement prend sa source dans une vision du monde particulière, il n'en demeure pas moins que les conséquences de son anthropologie sont remarquablement intéressantes pour la question qui nous occupe. L'insistance mise sur la limite du pouvoir humain sur la vie et la mort, d'une part, et la reconnaissance de la souffrance comme partie de la vie tout en affirmant la nécessité de l'adoucir pour favoriser la qualité de la vie, d'autre part, favorisent le développement d'une médecine tout attentive à l'accueil du malade en situation terminale. Cette vision rejoint celle des soins palliatifs.

La théologie, et plus particulièrement celle de tradition catholique, utilise une troisième expression pour justifier sa position sur l'euthanasie et l'aide médicale au suicide, celle du principe de l'action à double effet. La tradition morale catholique s'en est beaucoup servi et a vu se déployer en son sein de multiples débats à propos de l'interprétation à lui donner[225]. Du côté protestant, peu de théologiens

---

225. McCORMICK, Richard A., «Le principe du double effet», dans *Concilium*, n⁰ 120, 1976, p. 105-120.

s'y sont intéressés, sauf Paul Ramsey[226]. Le principe, comme le note Richard McCormick, «est une sorte de nom de code pour résumer la distinction entre ce que l'on dit être directement et indirectement voulu dans certains secteurs clefs de la vie humaine[227]». Il est donc utilisé dans les situations moralement ambiguës, «nommément celles où une application stricte de la norme morale absolue semble exclure une action qu'on a de bonnes raisons, même d'impérieuses raisons morales, de poser[228]».

Si, depuis les années 1930, le principe a surtout servi la position catholique à propos de l'avortement et de la contraception, il est aujourd'hui largement utilisé dans toute la discussion sur le contrôle de la douleur des malades en phase terminale. Est-il permis de donner des sédatifs dans le but de maîtriser la douleur, même au risque d'abréger la vie du malade? La réponse est clairement positive. Pie XII a eu, à ce propos, une influence déterminante[229]. Dans le cadre du principe de l'action à double effet, l'explication est la suivante: l'acte de donner des médicaments pour adoucir les douleurs n'est pas en soi un acte mauvais, il est même bon; de plus, l'intention en posant une telle action est juste, le but n'étant pas d'accélérer la mort. L'effet mauvais n'est pas recherché, il est accepté ou toléré. L'acte s'impose en raison de l'importance d'empêcher un malade d'être dominé ou détruit par la douleur. Le mal qui pourrait être provoqué en cherchant à faire le bien est acceptable s'il répond aux quatre conditions ci-haut énumérées.

La médecine palliative a fait sien le principe. Les professionnels de la santé ne connaissent sans doute pas la quadruple condition élaborée par les théologiens mais ils en reconnaissent très bien le sens. Les nombreux écrits sur les soins à offrir aux malades en fin de

---

226. RAMSEY, Paul, «Abortion: A Review Article», dans *Thomist*, 27, 1973, p. 174-226.

227. McCORMICK, dans *Concilium*, p. 105.

228. BOYLE, Joseph, «Who Is Entitled to Double Effect?», dans *The Journal of Medicine and Philosophy*, 16 (5), octobre 1991, p. 475.

229. PIE XII, «Problèmes religieux et moraux de l'analgésie», 1957, dans *Textes du Magistère catholique* réunis et présentés par Patrick VERSPIEREN, sous le titre de *Biologie, médecine et éthique,* Paris, Le Centurion, 1987, p. 347-364.

vie y réfèrent constamment[230]. Dans les discussions sur l'euthanasie, plusieurs auteurs spécialisés en soins palliatifs font ressortir que l'euthanasie n'a pas à être légalisée puisque les douleurs peuvent être contrôlées, même si les médicaments peuvent avoir comme conséquence de hâter la mort. Une telle approche, qui n'est pas considérée comme de l'euthanasie, laisse donc beaucoup de marge de manœuvre aux soignants.

La contribution de la théologie a été ici décisive, mais a-t-elle été suffisamment riche et créatrice? Il faut, en effet, se demander si l'acceptation du principe de l'action à double effet n'a pas favorisé une fixation sur les derniers instants de la vie, mettant en veilleuse la nécessaire attention à tout ce que vit le patient tout au long de la maladie grave. La prescription d'une médication en vue de contrôler la douleur, même si elle risque d'induire la mort, est au cœur des débats sur l'euthanasie. Ce thème mérite-t-il l'importance qu'on lui accorde? En effet, lorsqu'on s'est efforcé d'aider une personne malade à bien vivre les dernières étapes de son existence en lui offrant des soins tout à fait appropriés, la vie de cette personne a été probablement prolongée en quantité et en qualité, dans le respect de son intégrité d'être humain. Ce travail n'est pas euthanasique. À la toute fin, alors que la personne est entre la vie et la mort, alors qu'elle est encore avec nous mais plus tout à fait déjà, dans un entre deux indéfinissable, la question de savoir s'il est permis de donner une sédation qui risque d'induire la mort fait-elle vraiment sens? L'essentiel n'est-il pas ailleurs? La perspective globale doit guider les soignantes et les

230. ABIVEN, Maurice, *Une éthique pour la mort,* Paris, Desclée de Brouwer, 1995, p. 96-100; CHERNY, Nathan I. et PORTENOY, R., «Sedation in the Management of Refractory Symptoms: Guidelines for Evaluation and Treatment», dans *Journal of Palliative Care,* 10 (2), été 1994, p. 31-38; LATIMER, Elizabeth J., «Ethical Decision-Making in the Care of the Dying and Its Applications to Clinical Practice», dans *Journal of Pain and Symptom Management,* 6 (5), juillet 1991, p. 329-336; RAPIN, Charles-Henri et FOREST, Martine-Isabel, «À propos de la douleur et de son soulagement», dans *Infokara,* 39, septembre 1995, p. 3-7; ROY, David J., «Soins palliatifs et éthique clinique», dans David J. ROY et Charles-Henri RAPIN (dir.), *Les Annales des soins palliatifs,* nᵒ 1, *Les défis,* 1992, p. 182-184; SCOTT, John, F., «Lies and Lamentation — A Solid No to Euthanasia», dans *Journal of Palliative Care,* 4 (1-2), 1988, p. 119-121; TWYCROSS, Robert G., «Debate: Euthanasia — A Physician's View Point», dans *Journal of Medical Ethics,* 8, 1982, p. 86-95.

soignants. Même si le principe de l'action à double effet est un instrument intéressant pour guider l'action dans les situations ambiguës, son emploi ne peut à lui seul fonder l'éthique des soins terminaux.

La théologie a joué au cours du dernier demi-siècle un rôle déterminant pour éclairer la question de l'euthanasie et offrir un cadre conceptuel à la discussion. Dans le contexte actuel, le théologien doit, sans nier cette première tâche, porter son attention sur d'autres aspects de la dimension du mourir. Quatre orientations seront maintenant proposées.

La vision globale de la personne

Une première orientation à développer, qui n'est d'ailleurs pas spécifique au théologien, consiste à attirer l'attention et à guider la préoccupation vers la totalité de la personne malade. C'est la manière qu'a le théologien de témoigner de son profond respect pour la vie humaine puisque les équipes de soins étant de plus en plus spécialisées, le souci de toute la personne passe souvent au second plan. C'est là une critique que l'on entend beaucoup ces années-ci. Et en effet, qu'est-ce que l'acharnement thérapeutique sinon le fait que les différents organes malades sont traités sans que l'on tienne compte de l'ensemble de la personne malade? La manière dont sont traités les séropositifs, les malades du sida et leurs proches dans les hôpitaux où se donnent les traitements de pointe fournit un autre bon exemple de cette situation. Les soins peuvent être offerts d'une façon techniquement impeccable mais humainement frustrante. La personne séropositive ou sidéenne est un être tragiquement blessé. Toute maladie met en cause l'intégrité de l'être, le sida peut-être plus que toute autre. Si la personne qui se rend à l'hôpital cherche une aide technique compétente, elle a aussi besoin qu'on la reconnaisse dans son humanité blessée.

Le renouveau de l'éthique médicale dont on parle tant aujourd'hui n'a pas permis d'humaniser la médecine au point que celle-ci devienne centrée sur la personne. L'éthique a affirmé l'autonomie du patient et a pour cela mis de l'avant le consentement éclairé et le droit à la vérité. La principale plainte des patients d'aujourd'hui n'est pas de ne pas être informés, c'est de ne pas être invités à prendre la parole pour exprimer leurs angoisses et leurs désirs[231]. La question éthique fondamentale me semble être la suivante: la conversation entre le malade et les soignants existe-t-elle vraiment? On parle de plus en plus d'équipes de soins et le dialogue multidisciplinaire a commencé à se mettre en place sans que nécessairement le malade y prenne part. Ces nouvelles orientations ne risquent-elles pas d'inférioriser et d'isoler encore davantage le malade, si ce dernier n'est pas franchement invité à prendre part à la conversation[232]?

Dans le champ bioéthique, la théologie me semble avoir un plus grand souci de la personne totale que ne l'a la philosophie en raison des perspectives différentes qui président aux deux disciplines. Les travaux de William F. May fondant la relation médecin-malade sur l'alliance thérapeutique plutôt que sur le contrat de soins en est un bon exemple[233]. Une des tâches du théologien consiste à mettre de l'avant les éléments dont on doit tenir compte pour que l'autre soit reconnu dans sa totalité concrète. Respecter l'autre, c'est évidemment respecter son autonomie mais aussi toute une série de dimensions que la mort prochaine rend difficiles à vivre. On pense ici aux

---

231. TULSKY, James A., CHESNEY, Margaret A., et LO, Bernard, «How Do Medical Residents Discuss Ressuscitation with Patients?», dans *Journal of General Internal Medicine*, 10, 1995, p. 436-442; TULSKY, J.A., CHESNEY, M.A. et LO, B., «Do-Not-Ressuscitate Discussions: Are Doctors and Patients Speaking the Same Language?», dans *Clinical Research*, 41, 1993, p. 582A. Le projet de recherche SUPPORT (The Study to Understand Progoses and Preferences for Outcomes and Risks of Treatments) a montré la difficulté qu'ont les médecins d'améliorer leur communication avec les patients qui sont en fin de vie. The Support Principal Investigators, «A Controlled trial to Improve Care for Seriously Ill Hospitalized Patients», dans *JAMA*, 274(20), 22/29 novembre 1995, p. 1591-1598; LO, Bernard, «Improving Care Near the End of Life Why Is It So hard?», dans *JAMA,* 274(20), 22/29 novembre 1995, p. 1635. En raison de la pauvreté des résultats, le *Hastings Center* a été demandé pour faire une réflexion d'ordre éthique sur le sujet. Le résultat du travail du groupe spécial mis sur pied par le Centre a été publié dans *The Hastings Center A Special Supplement,* 25(6), novembre-décembre 1995.

232. Pour le sens du concept de conversation en éthique clinique, voir DOUCET, Hubert, «La contribution de l'éthique à la pratique de la médecine intensive», dans *Schweizerische Medizinische Wochenschhrift/Journal Suisse de Médecine,* 125 (23), 10 juin 1995, p. 1140-1141.

233. MAY, William F., *The Physician's Covenant. Images of the Healer in Medical Ethics*, Philadelphie, Westminster, 1983, 204 p.

exigences de porter le poids de la maladie, à la lutte pour survivre et l'épuisement qui peut s'ensuivre. À ces éléments, il faut ajouter la transformation du rapport aux autres qu'impose la maladie qui soumet le malade à la volonté des soignants, des proches et des choix de société. Le patient risque de se considérer comme un fardeau pour tous et de ne plus attacher de valeur à sa vie. Il est alors déjà mort. Promouvoir l'intégrité de l'être alors que toutes les conditions concrètes de l'existence tirent dans une autre direction me semble exigé par la tradition à laquelle le théologien appartient.

Le souci de l'autre concret, de l'*agapè*, amène à pousser le questionnement à propos de l'euthanasie dans la direction suivante: à quels types de rapports humains nous conduirait une médecine qui favoriserait l'euthanasie? Ma réponse à cette question se fera en trois points. Premier point: nul ne peut nier qu'il puisse y avoir aujourd'hui des situations où la souffrance est telle que la vie personnelle n'est plus supportable. Nos progrès médicaux peuvent avoir des conséquences tragiques. Si la médecine est préoccupée de la totalité de la personne tout au long de sa maladie et non seulement en phase terminale, il me semble que ces situations deviendront rares et même exceptionnelles. Je ne crois pas que si un tel contexte existait, aider quelqu'un à mourir mettrait en cause l'intégrité de la médecine et notre respect de la vie.

Le deuxième point concerne le respect d'une histoire qui n'est pas terminée tant que la mort n'est pas advenue. Mettre fin à la vie de quelqu'un à sa demande ou mettre soi-même un terme à ses jours, c'est arrêter l'histoire d'une personne. L'acte fondateur des soins palliatifs et le souci théologique se rejoignent ici: les jours qui restent à vivre, malgré le mal qui les habite, sont «une partie intégrante de la vie qui donnent sens à l'existence humaine[234]». Marie-Louise Lameau a ainsi résumé cette perspective: «La proximité de la fin, bien loin de rendre insipide et "sans signification" les jours qui restent à vivre, leur donne de la densité, les ouvre sur une promesse[235].»

---

234. Avant-propos des éditeurs dans KÜBLER-ROSS, Elizabeth, *La mort, dernière étape de la croissance*, Monaco, Le Rocher, 1985, p. 9. Le texte a été republié en 1994.

235. LAMEAU, Marie-Louise, *Soins palliatifs*, Paris, Le Centurion, 1994, p. 132.

Ce que l'euthanasie médicale nie au malade, c'est la reconnaissance que son histoire personnelle est encore en cours au moment où la faculté d'agir diminue de façon radicale et tragique. Il y a là une originalité anthropologique qui est révélée lorsque les soins sont caractérisés par leur souci de toute la personne.

Il faut reconnaître, en troisième lieu, que donner la mort pour des motifs de compassion crée un nouveau type de contrat social. En effet, comme le note Daniel Callahan, hâter la mort de quelqu'un n'a été jusqu'ici socialement autorisé que pour protéger la vie du groupe et non pour le meilleur intérêt de la personne qui est mise à mort[236].

En général, le débat sur l'euthanasie porte sur le droit de l'individu de choisir sa mort. La dimension sociale, c'est-à-dire notre manière de vivre ensemble, est passée sous silence. La théologie est habitée du souci de la collectivité. Si, dans nos traditions, nul n'a été autorisé à mettre fin à la vie de quelqu'un pour son bien, cela tient, entre autres, au fait qu'un trop grand pouvoir serait dévolu à la personne qui commettrait un tel geste. En fin de vie, cela est particulièrement évident. La personne malade, qui est en situation d'infériorité et qui se perçoit même souvent comme un fardeau pour les autres, ne serait-elle pas facilement amenée à demander sa propre mort? En effet, dans une société où le thème des ressources limitées devient une préoccupation majeure et où l'on s'inquiète du fardeau social que représentent les grands malades, l'euthanasie risque de se transformer en devoir social. Que deviendra le rapport social entre les personnes qui dépérissent, physiquement ou mentalement, et les bien-portants qui ont à prendre en charge les premières? Que deviendra l'obligation des enfants adultes à l'égard de leurs parents malades? Quelle sensibilité développeront les médecins et les soignants à l'égard de ceux et celles que la maladie entraîne inéluctablement vers la mort? Une acceptation du geste de donner la mort ferait peser sur les personnes que l'on cherche à respecter un poids trop lourd à supporter dans leur état[237]. C'est ce sens de l'existence humaine,

---

236. CALLAHAN, Daniel, «Can We Return Death to Disease?» dans *Hastings Center Report - A Special Supplement*, 19 (1), janvier-février 1989, p. 5.

237. ROLLIN, dans DURAND et PERROTIN, *Contribution à la réflexion bio-éthique*, p. 192-196.

personnelle et sociale, que le théologien invite à garder vivant à la conscience.

La reconnaissance de la mort

Une seconde tâche que le théologien accomplira, ici encore avec d'autres, c'est de rappeler sans cesse à notre culture que la mort appartient à notre existence humaine: elle n'est pas le mal absolu. La médecine moderne reconnaît théoriquement que la mort est une fatale nécessité à laquelle nul ne résiste; il n'en demeure pas moins qu'en pratique la biomédecine fonde son agir et son développement sur la vision qu'un jour toute maladie pourra être vaincue. Daniel Callahan, dans *Troubled Dream of Life*, résume ainsi la contradiction: «La mort en général est inévitable, mais la mort de l'individu est contingente[238].»

Les conséquences de cette vision de la mort comme mal absolu sont dramatiques au sens où le coût de la mort et de la maladie est devenu extrêmement élevé dans nos sociétés développées. Nous avons transformé notre condition biologique au point de reculer la mort et de transformer la maladie. Il n'y a pas si longtemps encore la maladie était, en général, un phénomène de courte durée. Depuis moins d'un siècle, l'histoire de la médecine témoigne d'un changement radical à ce propos. On était atteint d'une maladie infectieuse à laquelle on ne survivait pas plus de huit semaines. Très souvent, la maladie ne durait que quelques jours. Si le corps ne se guérissait pas lui-même, la personne était rapidement emportée vers la mort[239]. La dimension chronique de la maladie n'existait à peu près pas. Aujourd'hui, c'est l'inverse: cancer, diabète, maladies dégénératives du système nerveux, maladies cardiaques, rénales, sida, etc. C'est à ces types de maladies chroniques que la médecine moderne consacre ses principaux efforts et ses principales ressources.

---

238. CALLAHAN, Daniel, *The Troubled Dream of Life, Living With Mortality*, New York, Simon & Schuster, 1993, p. 75; le texte original est: «Death in general is inevitable, but death in particular is contingent.»

239. FUNCK-BRENTANO, Jean-Louis, *Le grand chambardement de la médecine*, Paris, Odile Jacob, 1990, p. 21.

De nombreuses formes de maladies chroniques sont le résultat de nos progrès technologiques. Et une fois que nous avons introduit une technique qui prolonge quelqu'un, nous ne savons plus s'il faut arrêter ou quand il faudrait arrêter. Le problème est tel que les institutions de soins aigus, qu'elles soient des hôpitaux pédiatriques ou généraux, deviennent des lieux qui créent et accueillent la chronicité, et une chronicité de plus en plus lourde. L'exemple des malades atteints du sida en témoigne éloquemment. En effet, les progrès de la médecine, s'ils ont permis de prolonger des malades qui, au début de l'épidémie, mouraient rapidement, ne les guérissent pas cependant. Ils peuvent même conduire à créer des situations tragiques. N'est-ce pas l'inverse de ce que nos institutions rêvaient de faire et d'être?

Le grand âge est devenu un problème médical à vaincre plutôt qu'une composante de la condition humaine. Ce succès engendre beaucoup de souffrances personnelles et de distorsions sociales où les aberrations sont quotidiennes. Une personne vieillissante, en perte d'autonomie, trouve difficilement les services infirmiers et d'aide familiale qui lui permettraient de vivre à la maison ou dans un foyer accueillant les dernières années de sa vie. On peut alors se demander si nous ne vivons plus longtemps que pour être plus malades et en perte continue d'autonomie. Mais, chose étonnante, quand la maladie devient aiguë et fatale, on se hâte de donner au malade le maximum de traitements pour le garder en vie.

Fonder notre système de santé sur la prémisse que la limite de la vie peut toujours être reculée et que la maladie est maintenant sous notre contrôle ne fait pas de sens. Cela coûte trop cher à tous les plans. Il faut reprendre la réflexion à la base et une question doit nous habiter: le système de santé qu'une collectivité se donne doit-il viser à vaincre la mort à tout prix ou doit-il manifester de la compassion et l'attention à la souffrance lorsque l'un de ses membres est marqué par la maladie et entraîné vers la mort?

Le rôle du théologien est de questionner un savoir et un savoir-faire qui refusent d'accueillir la mort comme mystère. L'expérience chrétienne accueille la mort d'une manière particulière: elle peut éclairer notre «gestion» contemporaine du mourir. On ne peut oublier que malgré tous nos efforts pour permettre ou valoriser la mort dans la dignité, nous savons moins que jamais ce qu'elle est. Nous devenons inquiets du type de vieillesse et de mort que la biomédecine est en train de fabriquer et nous demandons l'euthanasie. S'il y a à peine quelques années nous nous félicitions des progrès dans l'espérance de vie et rêvions même d'une sorte de prolongation indéfinie de l'existence, aujourd'hui nous nous questionnons sur le bien-fondé des ressources utilisées pour la prolonger. Nous sommes, dans ce sens, en train de réapprendre la limite du corps et la réalité inéluctable de la mort. Le thème de la finitude réapparaît au cœur de notre expérience de vie: qui sommes-nous quand nous sommes finis? La contribution chrétienne s'avère originale et nécessaire lorsque sont posées des questions fondamentales d'ordre anthropologique et métaphysique. En effet, l'espérance chrétienne, entre autres, est source de toute une spiritualité qui permet à la vie de mûrir encore quand sa fin est toute proche.

L'espérance chrétienne fondée sur la résurrection du Christ est croyance que la destruction de la mort n'est pas sans retour. L'apôtre Paul a particulièrement mis en avant cette qualité de la foi chrétienne (*1 Co* 15). Si Paul affirme la résurrection des morts, il parle aussi du mode de la résurrection des corps (*1 Co* 15,35-56). Le corps ressuscité est transfiguré; la chair faillible et mortelle ne revient pas à son état initial. Mais si le corps ressuscité est autre, il est cependant bien nôtre. Cette vision du corps passant de la défaite de la mort à la vie nouvelle de la résurrection n'est pas sans concrètement influencer les derniers moments de la vie. On est déjà entré dans l'ordre du mystère. Cela explique, me semble-t-il, pourquoi dans la tradition chrétienne on a toujours entouré la personne mourante d'un très grand respect tout en gardant une certaine distance, au sens où ce qui se passe dans les derniers moments de la vie appartient déjà à un autre registre que celui de l'action humaine cherchant à s'opposer coûte que coûte à la mort. La vie n'est déjà plus la vie; elle participe d'une autre dimension.

Aider la société à apprivoiser la souffrance de la mort

La troisième contribution a trait à la souffrance. N'est-il pas osé d'affirmer qu'une des contributions de la théologie au débat sur l'euthanasie porte précisément sur la souffrance? En effet, une des grandes difficultés de nos sociétés face à la douleur provient de leur réaction à l'enseignement traditionnel du christianisme sur le sujet. Nous sortons à peine d'une lutte contre la vision doloriste de la vie prêchée par les Églises. Et pourtant, tout au cours de l'histoire des derniers siècles, les communautés chrétiennes ont multiplié les lieux pour combattre la maladie et adoucir les peines des malades. Si les hôpitaux sont nés du christianisme, on peut dire la même chose des soins palliatifs.

En Occident, nous ne savons plus que faire de la souffrance: elle est devenue le mal absolu. La poursuite du bonheur est au cœur du projet de la modernité. Bentham, paraphrasant Hamlet, disait: «To be *happy* or not to be at all[240].» Saint-Just exprimait, en pleine Révolution française, l'idéal des Lumières en disant: «Le bonheur est une idée neuve en Europe.» Dorothee Sölle a souligné l'obsession des sociétés post-chrétiennes d'évacuer la souffrance et les conséquences douloureuses qui en découlent pour la qualité de la vie en société[241]. La médecine moderne joue, à ce propos, un rôle déterminant: participer à construire un monde sans souffrance. Celle-ci n'a plus aucune valeur: mieux vaut mourir que souffrir. Dans ce contexte, la demande d'euthanasie et d'aide médicale au suicide prend tout son sens. Comme le note Marcel Boisvert, «la lame de fond semble refléter [...] une nouvelle conception de la nature, du contenu et des conditions minimales d'existence[242]».

Cette vision où l'idéal consiste en un monde sans souffrance n'est cependant pas sans questionner. En effet, que serait l'humanité

---

240. GRUMAN, Gerald J., «Death and Dying: Euthanasia and Sustaining Life», dans *Encyclopedia of Bioethics*, New York, The Free Press, 1978, p. 264.

241. SÖLLE, Dorothee, *Souffrances*, Paris, Seuil, 1992, p. 51-78.

242. BOISVERT, Marcel, «Les défis en soins palliatifs: acharnement thérapeutique et euthanasie», dans David J. ROY et Charles-Henri RAPIN (dir.), *Les Annales des soins palliatifs*, n° 1, 1992, p. 167.

si l'être humain était «progressivement dépossédé de l'épreuve de ses propres limites, amputé d'une expérience du tragique et ce faisant de celle de la transcendance[243]»? Je crois qu'il y a urgence de réintégrer la question de la souffrance dans nos débats sur la mort. La logique de la médecine moderne est de supprimer les deux, c'est-à-dire la souffrance et la mort. En ce faisant, elle ne sait plus quand arrêter, n'ayant aucun sens de la limite. Daniel Callahan a, ces dernières années, mis en relief cette incapacité de la médecine à reconnaître la mort comme un élément essentiel de la réalité humaine. La biomédecine ne tire pas les limites de son action par une compréhension de sa nature et de ses objectifs par rapport à la maladie et à la mort: ses limites lui viennent uniquement du droit de l'individu à disposer de lui-même, ou de la limite des ressources. Regardons, par exemple, comment nous posons actuellement la question de l'arrêt de traitement. Nous nous demandons: «quand la mort est proche, à quelles conditions est-il permis d'arrêter les traitements?» et non «à quel moment ou de quelle manière les traitements qui prolongent la vie doivent-ils être arrêtés de manière à favoriser une bonne mort?»

Tant que nous ne chercherons pas à saisir le sens de la mort dans l'expérience humaine et en quoi la souffrance fait partie de ce sens, la médecine sera réduite à une technique, si puissante soit-elle. Dans une telle perspective, la voie de l'euthanasie devra être privilégiée.

Réintégrer le thème de la souffrance à l'intérieur de la réflexion sur la maladie et la mort ne conduit pas à la reconnaître comme un bien. À ce propos, l'acte fondateur des soins palliatifs est éclairant. Les soins palliatifs sont d'abord une *protestation*. Marie-Louise Lameau utilise cette expression pour caractériser le point de départ de l'œuvre de Cicely Saunders[244]. La *protestation* exprime le refus du scandale qu'est la situation inhumaine des patients cancéreux, situation d'autant plus scandaleuse que la médecine de pointe se présente comme un fleuron de l'humanisme. La souffrance du mal que repré-

243. Von Kaenel, Jean-Marie, «Éditorial», dans *Souffrances, Autrement* (série «Mutations»), 142, février 1994, p. 14.

244. Lameau, Marie-Louise, «Les soins palliatifs», dans *Lumière & Vie*, t. XL(3), 1991, p. 34.

sentent pour le malade les douleurs, les silences équivoques, la perte progressive d'emprise sur sa propre vie, l'exclusion de la communauté est inadmissible. Les patients atteints de cancer et cloués à leur lit de douleur sont devenus les victimes de la médecine technoscientifique. On pourrait même dire que les fondatrices et fondateurs des soins palliatifs sont *obsédés* par la souffrance des patients cancéreux.

C'est pourquoi ces fondateurs et fondatrices ne peuvent se croiser les bras: il faut faire quelque chose contre le mal. Paul Ricœur dira: «Le mal, c'est ce contre quoi nous luttons: en ce sens nous n'avons pas d'autre relation avec lui que cette relation du contre[245].» L'obsession conduit à l'engagement et à la pratique: agir pour que le malade soumis à l'inéluctable de la maladie puisse encore demeurer une personne humaine en devenir. La compassion dont témoignent les soins palliatifs prend une forme particulière: une extrême valorisation de la personne. Le mal qui ronge la personne atteinte d'une maladie incurable et qui réduit son activité la menace en effet de l'épreuve du non-sens. C'est l'argument central et combien de fois vérifié dans la pratique en faveur de l'euthanasie et de l'aide médicale au suicide. Le témoignage des sidéens qui demandent d'être aidés pour terminer leurs jours dans la dignité le confirme amplement. Malgré que la souffrance soit un mal et que ce dernier habite les jours qui restent à vivre, l'acte fondateur des soins palliatifs atteste que ces instants peuvent encore être féconds. Les soins palliatifs sont un exemple de ce que peut la médecine lorsqu'elle est habitée du souci existentiel de la personne souffrante.

Grâce aux engagements et aux travaux scientifiques des leaders dans le domaine des soins palliatifs, le contrôle de la douleur est devenu un objectif reconnu de la médecine. Le consensus s'est graduellement établi à ce propos au point qu'une nouvelle règle médicale s'est imposée: certains gestes thérapeutiques sont acceptables même s'ils peuvent réduire la durée de la vie, à condition que l'objectif soit le contrôle de la douleur et non l'abrègement de la vie. De plus, le concept de douleur appartient au vocabulaire de la médecine.

---

245. RICŒUR, Paul, «Le scandale du mal», dans *Esprit*, juillet-août 1988.

Il est cependant loin d'être sûr que la souffrance, cette dimension fondamentale de toute maladie et principalement de celle qui conduit à la mort, soit reconnue pour ce qu'elle est. La nature profonde de la souffrance est laissée à la religion et à la spiritualité, les sciences de la santé tentant de diminuer la douleur en la médicalisant. Comme le note David Gregory:

> La recherche pour contrôler la souffrance transforme une expérience humaine profondément complexe essentiellement en une condition physique que l'on peut traiter[246].

Cette tendance explique peut-être pourquoi, malgré le fait que le contrôle de la douleur et de la souffrance soit considéré comme faisant partie de la tâche médicale, les patients atteints de maladies incurables continuent de souffrir d'une manière qu'ils considèrent indigne d'un être humain. L'explication aiderait aussi à saisir pourquoi la compréhension des soins palliatifs est parfois réduite au seul contrôle de la douleur, comme cela est le cas pour les juges de la Cour suprême du Canada dans l'affaire Sue Rodriguez[247].

Le message des soins palliatifs, tel qu'il est proclamé par des témoins privilégiés comme Cecily Saunders et Balfour Mount, est quelque peu différent de celui des juges de la Cour suprême. D'une part, toute souffrance n'est pas médicalisable, au sens qu'elle ne peut être réduite à ses composantes, c'est-à-dire aux symptômes physiques ou psychologiques. Les composantes existentielles et spirituelles sont aussi essentielles. D'autre part, ces soins nous apprennent que toute souffrance n'est pas «traitable» ou contrôlable. Le croire serait perdre de vue que la souffrance est la dégradation de l'identité, une dégradation qui s'exprime jusque dans les actions les plus simples de la vie. Dans ce sens, c'est faire de la fausse représentation que de laisser croire qu'il est possible de maîtriser toute souffrance. La littérature bioéthique donne l'impression que la souffrance peut être contrôlée, sauf situations exceptionnelles. Reuven Sobel soutient que le contrôle de la souffrance est un mythe moderne qui s'explique

---

246. GREGORY, David, «The Myth of Control: Suffering in Palliative Care, dans *Journal of Palliative Care*, 10(2), 1994, p. 18.
247. Voir chapitre 1, p. 40-41.

par la médicalisation de la souffrance[248]. C'est retomber dans le piège de la modernité et de son rêve réducteur. Même si toute souffrance n'est pas contrôlable, l'expérience des soins palliatifs nous montre que les patients peuvent être aidés dans leur quête d'un sens et qu'une intégration de l'inacceptable demeure possible.

Cette tâche, qui revient aux professionnels de la santé, est extrêmement difficile et exigeante puisque la souffrance est une expérience individuelle, privée et qui ne peut être totalement partagée[249].

Altérité et compassion

La quatrième contribution de la théologie dont il sera question est axée sur l'altérité et de la compassion. À nouveau, l'expérience des soins palliatifs sert de point de départ à la réflexion. Ceux-ci ont joué un rôle essentiel dans le processus éthique de réappropriation de la mort. Leur succès est cependant en train de faire naître de nouvelles questions que nous croyions réglées. En effet, grâce à ce contrôle de la douleur, nous pensions avoir rendu la mort humaine. Et voici que nous découvrons de plus en plus que la vie d'un malade ne trouve pas nécessairement sens du fait que ses douleurs sont contrôlées. Quand celles-ci sont maîtrisées, en effet, surgit la véritable question, celle du sens de la vie: pourquoi vivre si la vie n'est qu'attente de la mort? Les soins palliatifs renvoient eux aussi à l'énigme du mal, c'est-à-dire, pour reprendre l'expression d'Emmanuel Lévinas, à «la non-intégrabilité du non-intégrable[250]». Comment ferons-nous face à ce mal? L'apport théologique est ici essentiel.

La souffrance, en raison même de ce qu'elle est, enferme l'être humain sur lui-même, «elle est une impasse, un cul-de-sac dans la vie et dans l'être[251]». Et pourtant, paradoxe étonnant, dans l'appel au

---

248. Sobel, Reuben, «The Myth of the Control of Suffering», dans *Journal of Medical Humanities*, 17 (4), 1996, p. 255-259.

249. Cassel, Eric J., «Recognizing Suffering», dans *Hastings Center Report*, 21(3), mai-juin 1991, p. 31.

250. Lévinas, Emmanuel, *De Dieu qui vient à l'idée*, Paris, Vrin, 1986, 2 éd., p. 198.

251. Lévinas, Emmanuel, «Une éthique de la souffrance», dans *Souffrances, Autrement* (série «Mutations»), 142, février 1994, p. 132.

secours qu'elle lance, elle peut devenir une chance d'ouverture: «Au sein de la souffrance inutile, dans cette passivité, au sein de cette déchirure, on observe dans le gémissement, dans le cri même, un appel à l'autre[252].» Dans cet état de solitude causé par la douleur et la souffrance, il y a un signe de sociabilité. Le gémissement ouvre à l'altérité. La compassion qui lui répond peut devenir une ouverture vers un sens possible.

Pour que cette ouverture puisse être réalisée, une proximité de l'autre demeure essentielle puisque le sens possible ne peut provenir de la raison qui comprend. D'ailleurs l'expérience des soins palliatifs le confirme, le toucher caressant étant au cœur de leur activité. Ce toucher ne fait pas disparaître la souffrance mais lui enlève son non-sens complet. En faisant sortir de l'isolement, il se transforme en une promesse d'ouverture et d'espérance.

Cette dimension de la compassion est au cœur de la relation humaine, de la responsabilité pour l'autre. Sans altérité au moment où la souffrance détruit le sens, il n'y a pas de dignité humaine possible. La tâche des professionnels de la santé qui consiste à redonner la dignité au moment où le monde s'écroule est ici de nature proprement spirituelle. C'est la dynamique même de l'Évangile.

Comme le révèle l'Évangile de Matthieu au chapitre 25, le malade est le Christ lui-même. Le bon Samaritain qui prend soin de la personne blessée et laissée-pour-compte est la figure de l'agir chrétien (*Lc* 10,29-37). La rencontre clinique vécue dans la foi favorise «le développement de ces dispositions qui nourrissent, protègent, soutiennent la dimension humaine et non purement technologique de la rencontre médicale: compassion, honnêteté, abnégation, générosité[253]». De plus, les soins de santé qui sont habités par l'idée-force que Jésus répète dans l'Évangile de Jean à la veille de sa mort, «comme je vous ai aimés», sont protégés contre la tendance à rendre absolu le relatif. Spécifiquement, c'est un correctif au jugement qui dit que la mort est l'ultime défaite. La prolongation de la vie, ne fût-

---

252. LÉVINAS, dans *Souffrances*, p. 133.

253. McCORMICK, Richard A., «Theology and Bioethics», dans Earl E. SHELP (éd.), *Theology and Bioethics*, Dordrecht, D. Reidel Publishing, 1985, p. 108-112.

ce que de quelques minutes, n'est plus le but ultime du travail médical, le sens du travail étant la dignité de la personne malade. Cette éthique évangélique est faite autant de morale que de spiritualité: si une visée unificatrice de toute la vie, autant personnelle que professionnelle, n'habite pas le soignant, un fossé se creusera entre la personne et son rôle, entre le travail professionnel et le véritable soi. La spiritualité est, en quelque sorte, ce climat qui unifie la personne et ses activités.

Conclusion

Si, dans les débats sur l'euthanasie, la société n'a pas besoin de faire appel à la théologie pour lui fournir des arguments d'ordre philosophique, elle a cependant besoin de sa contribution et de l'expérience qu'elle porte. En effet, l'anthropologie théologique affirme un sens concret et vivant de la vie et de la mort que la philosophie ne rejoint pas. Le reconnaître, c'est pour le théologien ne pas entrer en compétition avec le philosophe mais accomplir une tâche essentielle: aider à approfondir, dans toute leur richesse et complexité, ce qu'est vivre, souffrir et mourir. Ce sont là des dimensions nécessaires à tout débat de société qui veut aborder, d'une façon complète, la question de l'euthanasie.

Tout au long de ce volume, j'ai cherché à cerner différentes facettes de la question contemporaine de l'euthanasie. Il est clair que le débat est largement centré sur des questions de politiques ou de normes de procédure: une fois reconnue l'aptitude du patient à décider, on cherche à établir les formes administratives qui découlent de la dépénalisation de l'euthanasie et de l'aide médicale au suicide. La préoccupation ne porte pas sur les dimensions fondamentales de la vie qui risqueraient d'être perturbées. Que deviendra notre vision du déclin physique et mental? Quel sens prendra notre responsabilité à l'égard de nous-mêmes et des autres lorsque frappera la maladie? Ce sont là quelques-unes des questions qui habitent le théologien et qui lui apparaissent nécessaires d'être abordées de façon lucide et critique. La théologie invite à resituer notre rapport à la médecine dont le sens est d'aider l'individu marqué par la souffrance de la mort à demeurer jusqu'au bout une personne humaine.

INDEX THÉMATIQUE

INDEX DES NOMS PROPRES

PARUTIONS RÉCENTES CHEZ LABOR ET FIDES

Collectif, *Encyclopédie du protestantisme*

Bernard Reymond, *L'architecture religieuse des Protestants*

Collectif, *Le déchirement: Juifs et chrétiens au premier siècle*

Gerd Theissen, *Histoire sociale du christianisme primitif*

Collectif, *Israël construit son histoire*

Thomas Römer, *Dieu obscur*

Lytta Basset, *La joie imprenable*

Pierre Gisel et Patrick Evrard (dir.), *La théologie en postmodernité*

Hubert Doucet, *Au pays de la bioéthique*

François Bovon, *L'Évangile selon saint Luc 9,51-14,35*

Alexandre Safran, *Juifs et chrétiens: la Shoah en héritage*

Jean-Denis Kraege, *Le procès du diable*

Michel Rocard, *Éthique et démocratie*

André Dumas, Éric Fuchs et Michel Bouttier, *Les mémoires nécessaires*

Gabriel Vahanian, *La foi une fois pour toutes*

William Edgar, *La carte protestante*

André Péry, *La foi en liberté*

Ernst Troeltsch, *Histoire des religions et destin de la théologie*

Ermanno Genre, *La relation d'aide*

Pierre Prigent, *Jésus au cinéma*

L. Basset, F. Carrillo et S. Schell, *Traces vives*

J.J.C. Smart et B. Williams, *Utilitarisme*

Justice et Paix, *La Suisse, une belle constitution*

François Vouga, *Les premiers pas du christianisme*

Anthologie, *Écrivains en prison*

Collectif, *Espérer/réponses à un appel*

Pierre Bühler et Carmen Burkhalter (dir.), *Qu'est-ce qu'un pasteur?*

Thomas Römer (dir.), *Abraham, nouvelle jeunesse d'un ancêtre*

Lucie Kaennel, *Luther était-il antisémite?*

Françoise Lautman (dir.), *Ni Ève ni Marie*

Michel Grandjean et Bernard Roussel (dir.), *Coexister dans l'intolérance*

Adrianjatovo Rakotoharintsifa, *Conflits à Corinthe*

ACHEVÉ D'IMPRIMER
CHEZ
MARC VEILLEUX,
IMPRIMEUR À BOUCHERVILLE,
EN AVRIL MIL NEUF CENT QUATRE-VINGT-DIX-HUIT